自信をもてないあなたへ

自分でできる認知行動療法

メラニー・フェネル 著
曽田和子 訳

CCCメディアハウス

自分自身をもっとやさしく見つめるために

曽田和子

世界の人口の常に一割近くがうつ病を病んでいるそうです。さらに一割以上がなんらかの不安障害を抱え、そのほか多くの人が広い意味での精神障害に悩んでいると言います。そういう人たちはもちろん、そこまでいかなくても、自信がもてずに「自分はだめだ」と落ち込んでいる人は少なくないでしょう。何をしてもうまくいかず、すっかり自信をなくしている人にとって、「自分はだめ人間だ」というのは自明の理であって、疑問の余地のないことのように思われます。

ところが、「自分はだめだ」というのはかならず実現してしまう予言のようなもので、ある種の考え方のパターンによって「だめな」方向に導かれ、結局は「だめな」結果となって、それがまた同じパターンの考え方を生むという、悪循環の罠にはまってしまうのだということが解明されてきました。そういう困った考え方のパターンを日常の行動を通して変えていくことで、たとえばうつ病や広い意味での精神障害に高い治療効果が得られることがわかったのです。

この治療法を「認知行動療法」と言います。一九六〇〜七〇年代、画期的なうつ病理論をもとに、主にうつ病治療のために開発された「認知療法」と、それ以前から症状そのものを取り除くことを目指し、特に不安障害に有効とされていた「行動療法」とが一体化し、理論と実践の一大体系ができあがったのです。これは非常に厳密な科学的テストにかけられてきた信頼できる療法であり、現に高い効果をあげることが証明されています。しかも、ほかの療法に比べて、再発の可能性が低いと言われています。適用範囲も広く、さまざまな不安障害、恐怖症、強迫性障害、ギャンブル強迫、アルコール依存、薬物依存、摂食障害などに対してそれぞれ特別の療法が確立されています。そしてこの療法が、自分に自信のもてない自己評価の低い人や、夫婦間の葛藤を抱えている人にも応用され、効果をあげてきているのです。

こうして、広く効果の実証された素晴らしい療法が開発されました。でも、それが専門家の手のなかだけにあっては、恩恵をこうむることのできるのはごく限られた人ということになります。しかも、専門家に相談せずに自分で手当てしようとすると、かえって苦痛を長引かせたり、悪化させたりすることにもなりかねません。たとえ急場の危機は乗り切っても、奥に隠された問題はそのまま残ります。そこで、認知行動療法に携わる専門家たちが立ち上がりました。個々の障害に対する認知行動療法の原則と治療方式をまとめ、それを自力治療のマニュアルにしたのです。これらのマニュアルには、問題を抱えている本人が障害を克服するために実行すべき系統だった治療プログラムが紹介されています。

イギリスのレディング大学ピーター・クーパー教授らが、この治療マニュアルを利用して、さまざまな障害を自力で乗り越えるための*Overcoming*シリーズを刊行しました。オックスフォード大学のメラニー・フェネル博士によるこの『自信をもてないあなたへ』は、そのシリーズの一環として、自分をだめな人間だと思っている自己評価の低い人に、いかに自己評価を高めたらいいかを、詳細に、わかりやすく説明してくれています。これを読めば、低い自己評価が人生のあらゆる面にいかに悪影響を及ぼし、人を不幸にしているかがわかります。また、自分はだめな人間だという思い込みは、多くが幼児体験に根ざしていて、以来ずっと養われつづけ身にしみついたものであるだけに、そこから抜け出すことは簡単ではないことも理解できます。そういう否定的な思い込みから脱却して、困った悪循環を断ち切り、自分をもっと寛大な目で見る見方を手に入れるための方法が、段階をおって、丁寧に紹介されているのです。深刻に悩んでいる人も、それほど深刻でなくてももっと自信をもちたいと願っている人も、目からうろこが落ちるように納得でき、それぞれの状況に応じて、自己評価を高める作業に取り組むことができるようになっています。

何十年も昔のこと、中学生だった私は今から思えば「社会恐怖症」で、真剣に悩んでいました。思い余って、当時マスコミで活躍していた高名な心理学者に相談の手紙を出したものです。見ず知らずの子供から相談を受けた心理学者はいい迷惑だったでしょうが、返事をくれました。「身を捨ててこそ浮かぶ瀬もあれ」とあります。早速、辞書で調べてみると、「身を犠牲にするだけの覚悟があって初めて物事に成功できる」という意味だとか。心理学者の言いたいことはなんとなくわかりましたが、だからといって、そういう心がけだけではなかなか問題は解決しないのでした。

この本の原著 *Overcoming Low Self-Esteem* を読んだとき、当時の記憶がよみがえりました。そして、その学者のアドバイスは、認知行動療法の見地からしても正しいものだったことを知りました。自己評価の低い人は、何かしなければならない場面で、うまくやれないのではないかと否定的な予測をし、不安になって、その場面そのものを回避しようとします。したがってその否定的な予測が正しかったのかどうか確かめる機会を逸してしまうことになり、いつまでも同じことを繰り返して、結局は自分で自分の生き方を狭め、ストレスにさらされつづけてしまうのです。ありがたいことに、そういうことを（ただ心がけだけでなく）どうやって克服していくかという具体的な方法が、この本には示されています。自分はだめだという思いから解放されたい人にとって、きっと救いになることでしょう。

自信をもてないあなたへ——自分でできる認知行動療法◆もくじ

【第一部】

自信がないとはどういうことか

第一章◆「自信がない」＝「自己評価が低い」

「自己評価が低い」とは？

「自己イメージ」
「自己概念」
「自己認識」
「自己受容」
「自尊心」
「自己信頼」
「自己評価」

これらはすべて、自分をどう見るかを示す言葉です。自分をどう考えるか、人としての自分にどんな価値をおくかということですが、ニュアンスはそれぞれ少しずつ違います。

「自己イメージ」と「自己概念」と「自己認識」は、どれも自分自身について描く全体像です。かならずしも判断や評価を含むわけではなく、国籍、人種、身体や気質の特徴など、さまざまな特性を言うものです。

「自己受容」「自尊心」「自己信頼」「自己評価」には、それとは違った要素が含まれます。単に自分が持っていると思う特性（良いにしろ悪いにしろ）を言うのでもなく、また自分ができると信じていることやできないと信じていることを言うのでもない。自分に対して抱く全般的な意見や、人としての自分におく価値を示すものです。肯定的な色合いのものもあれば（「自分は善人だ」「自分には価値がある」）、否定的なものもあります（「自分は悪人だ」「自分は役立たずだ」）。否定的な色合いの場合、これを「自己評価が低い」と言うのです。

あなたの自己評価は？

次のページに十の質問があります。それぞれの質問について、いちばんあなたの気持ちに合うところに印をつけてください。正直に。ここには正解も不正解もありません。ただ、あなたが自分をどう思っているか、ほんとうのことを書いてください。

	強く そう思う	だいたい そう思う	ときどき そう思う	あまり そう 思わない	まったく そう 思わない
これまでの経験から、自分の価値を認め大切にすることを学んだ。					
自分に対して好意的な意見を持っている。					
自分をきちんと扱い、自分にふさわしい気遣いをしている。					
自分が好きだ。					
自分の弱点や欠点と同じくらい、素質や技能や能力や長所も重視している。					
自分に満足している。					
自分には人から関心や時間を注いでもらう資格があると思う。					
自分の人生にはいいことが起こって当然だと信じている。					
自分に対する期待は、人に対する期待と同じで、厳しすぎるものではない。					
自分に対して批判的ではなく、むしろやさしく励ましている。					

質問に対して「強くそう思う」以外の答えに印がつくようなら、この本はあなたの役に立つはずです。もしもあるがままの自分を気持ちよく受け入れることができ、抵抗なく自分を尊重し認めることができ、自分には人間として弱いところはあっても本来価値があると思うことができ、この世に生きてその恩恵に浴する資格があると思えるなら、あなたはきちんと自己評価ができるということです。

一方、ほんとうの自分は弱くて、無力で、どこか劣っている、何か欠けていると感じている人や、どこか不安定で自分を疑っているという人、自分に対して厳しく批判的な思いを抱くことがある人、自分の人生にいいことが起きる資格や価値があるとは思えない人がいるとしたら、それは自己評価が低い証拠です。この、自己評価が低いということが、あなたの人生に重大な悪影響を及ぼしているかもしれないのです。

自己評価が低いと……

「自己評価」は、自分自身に対して抱く全般的な意見で、自分をどう判断し評価するか、人としての自分にどんな価値をおくかを表すものです。その自己評価が低いと、人生にいったいどんな影響を及ぼすものか、詳しく見てみましょう。

低い自己評価の核――自分についての中心的観念

自己評価の中心には、自分について抱く主な見解や、自分がどんな人間かについての核となる考えがあります。それはふつう事実を述べるという形で表されます。一見、自分という人間を率直に考察したり、自分について真実をそのまま述べているように見えるかもしれません。でも実際は、それは事実ではなく意見や判断であることが多いのです。これまでの経験、ことに自分の人となりについて言われてきたことをもとにして、自分を総括した結果であることが多いのです。だから、簡単に言えば、これまでの経験が全般的に肯定的なものなら、あなたの自分に対する考えも同じように肯定的なものになるだろうし、（たいていの人がそうであるように）肯定的否定的取り混ぜた経験を積んできたなら、自分に対する評価も一定せず、状況に応じていろいろ変わることになるでしょう。ところが、これまでの経験がおおむね否定的なものだった人は、自分への評価も同じように否定的になりがちです。自分に対する否定的な考えが、低い自己評価の核となります。この核こそが、あなたの人生のさまざまな面を色づけし、悪影響を及ぼしてきたと考えられます。

低い自己評価が本人に与える影響

低い自己評価の核をなす、自分についての否定的見解・否定的な思い込みは、さまざまな形で表に出てきます。

わかりやすくするために、あなたの知っている人のなかで自己評価が低いと思われる人のことを頭におくといいでしょう。自分自身の問題は、あまりにも近すぎて、的確に捉えにくい場合があるからです。

では、あなたの選んだ人を思い浮かべてください。最近会ったときのことを思い出してください。何を話しましたか？　どんなようすでしたか？　相手は何をしましたか？　相手をどう感じましたか？　その姿をはっきりと思い浮かべてください。さて、質問です。あなたはどうしてその人物の自己評価が低いと思うのですか？　相手のどういうところからそう思うのですか？

ヒントになりそうなことを、思いつくかぎり書き出してください。たとえば、その人はよく自己批判したり謝ったりしますか？　振る舞いはどうでしょう。たとえば、人前でとくにおとなしいとか、あるいは反対にいつも出しゃばりで厚かましいとか。姿勢や表情や視線などはどうでしょう。たとえば、背を曲げてうつむいたまま人の視線を避けているとか。その人の気持ちも考えてください。あなたがその人ならどんな感じがするでしょう？　その人は悲しげですか？　うんざりしたり、いらいらしているようですか？　おとなしく不安げですか？　どういう体の動きがそういう気持ちを表していますか？

次のように、実にさまざまなところから手がかりが見つかることがわかるでしょう。

●自分自身についての考えや発言

自分を否定的に捉えていると、常日頃自分について言ったり考えたりすることにそれが表れる。自己批判や自己非難、自己不信に注目。自分にあまり価値をおいていないという印象を与えると、いいところも割り引きして考えられ、弱点や欠点にばかり注目されてしまう。

●態　度

低い自己評価はその人の日常の態度に反映する。何かを要求したりはっきりものを言ったりするのが苦手だとか、すぐ謝るとか、むずかしいことやチャンスから逃げるなどの明白な手がかりを探すこと。背を曲げたり、うつむいたり、目を合わせなかったり、声が小さかったり、煮え切らなかったりといった小さな手がかりにも注意する。

●感　情

低い自己評価は気持ちにも影響する。悲嘆、不安、やましさ、恥ずかしさ、いらいら、怒りなどのサインに注意する。

●体　調

感情はしばしば不快な身体感覚として表れる。疲れ、無気力、緊張などのサインに注意する。

よく観察してみると、自分に対して抱く否定的な見解が、あらゆるところに跳ね返り、考え方や行動、感情や体調にまで影響することがわかるでしょう。これがあなたにはどう当てはまるか考えてください。今ほかの人を観察したように自分自身を観察したら、何がわかるでしょうか。

低い自己評価が人生に及ぼす影響

低い自己評価がその人物のさまざまなところに映し出されるように、それは人生のさまざまな面にも影響を及ぼします。

●学校や職場で

失敗しては難題から逃げ出すことを繰り返したり、あるいは失敗を恐れるあまり、厳格な完璧主義におちいったり、無理な激務をこなそうとしたりすることがある。自己評価の低い人は、業績をあげていても自分を信用できず、好ましい結果が出ても自分の能力によるものだと信じることができない。

●人間関係

人との関係では、自己評価の低い人は（ときには何もできなくなってしまうほどの）強烈な自意識に悩み、批判や非難に過敏となり、異常なほどの熱意で人に気に入られようとし、それでいて親密な交際や接触からはたちまち身を引いてしまったりする。いつもその場の中心になるとか、いつも自信満々のリーダーのように振る舞うとか、あるいはどんな犠牲を払っても人を優先させるなど、一つの決まった戦略を守ろうとする人もいる。そのように振る舞わなければ、人には振り向かれもしないと思い込んでいるのだ。

●余暇の過ごし方
余暇の過ごし方にも影響が出る。自己評価の低い人は（美術クラブや競技など）判定をともなうような活動は避ける傾向がある。また自分には歓待されたり褒美にあずかったり、くつろいだり楽しんだりする価値がないと信じていることもある。

●セルフケア
自己評価の低い人は自分に対して適切なケアをしない。病気になっても我慢し、美容院や歯医者に行くのを先延ばしにし、新しい服を買おうとせず、暴飲、喫煙、違法な麻薬にまで手を出したりする。あるいは逆に、人を惹きつける唯一の方法と信じ、何時間もかけて身支度を完璧にととのえようとしたりする。

低い自己評価はどこからくる？

自分に対して否定的見解を持っているすべての人に、同じような影響が出るわけではありません。影響は、低い自己評価がどんな役割をになっているかにもよるのです。

低い自己評価が現在抱えている障害の一症状である場合
自分について否定的見方をするのは、純粋に気分のせいということもあります。（はっきりとした外因のない）臨床的抑うつ状態にある人は、ほぼ例外なく否定的な目で自分を見ます。抗うつ剤がよく効くようなうつ病や、強い生化学基盤を持つうつ病の場合もそうです。次にあげるのは、臨床的うつ病の兆候と認められているものです。

- 気分がすぐれない（いつも悲しい、落ち込んでいる、元気がない、むなしい）
- 興味や喜びを感じる能力が全般的に衰える
- 食欲や体重の変化（目立った増加や減少）
- 睡眠時間の変化（目立った増加や減少）
- 不安で落ち着かずじっと座っていられないか、または、何をするにもいつもよりのろい（自分だけがそう感じるのではなく、人にわかるほどに）
- 疲労感、無気力
- 強い罪悪感、自分はまったく無価値な人間だという感覚
- 集中できない、筋道だった思考ができない、決断できない
- こんな状態なら死んだほうがましだと思う、あるいは自分を傷つけることも考える

それ自体のために治療が必要なうつ病と認められるためには、このうちの少なくとも五つの症状（気分がすぐれない、あるいは興味や喜びが感じられないを含む）が二週間以上にわたって常に認められなければなりません。つまり、ここでは、たまに苦境におちいったときに誰もが経験するよ

うな一時的な落ち込みを言っているのではなく、持続して破壊的影響を及ぼす精神状態を言っているのです。

自分はだめだと思う気持ちがこの種のうつ状態に起因しているのなら、まずうつ病を治すことを考えるのが第一です。その治療がうまくいったら、それ以上自己評価を高めるための努力をしなくても自信を回復することができるかもしれません。ただ、そういう人にも有益なアイディアがこの本にはいくつも出てきます。とくに五、六、七章は、大いに役立ってくれるはずです。

ほかの問題が原因になっている場合

低い自己評価が、苦痛をもたらし生活に支障をきたす何か別の問題があって、そこからきているということがあります。たとえば、長期にわたる不安障害（統制できそうもない強いパニック発作を含む）は、能力を大きく損ない、それによって自信を失わせ、自分は無能な欠陥人間だと思い込ませます。人間関係がうまくいかなかったり、苦境におちいったり、強いストレスが続いたり、長期の苦痛や病気に悩んでいても、同じような影響が出ます。人を無気力にし、自己評価を低下させるのです。

そんな場合は、原因となる問題を取り除くことが最も有効です。パニックや不安への対処のしかたを覚えることで、とくに低い自己評価を上げるための努力をしなくても自信を回復する場合がよくあります。

低い自己評価がほかの問題を生む要因となる場合もある

自己評価の低いことが、ほかの問題によるものというより、むしろほかの問題が生まれる土壌になっているような場合もあります。抱えている問題が心の奥にある低い自己評価からきていると思えるなら、表にあらわれている問題に取り組むだけでは自己評価に大きな持続的変化をもたらすことはできないでしょう。低い自己評価そのものに直接対処しないかぎり、これからもさまざまな問題におちいりやすいと思われます。

低い自己評価がもたらす影響の度合

低い自己評価がほかの障害の一症状であるにせよ、ほかの問題からきているものであるにせよ、またほかの問題に負けやすい要因となるにせよ、それが実生活に及ぼす影響の度合は人によってさまざまです。下の表にそれを示してみましょう。

低い自己評価――その影響の度合

↑	↑
特別な難題に直面したことで引き起こされた自信喪失で，深刻な苦悩や困難をともなわずに対処できるようなもの。そういう状況でなければ、自分に対してもっと肯定的な見方ができる。本人の自己認識に根ざさないもので、解決の可能性あり。回復は比較的容易。	さまざまな状況から引き起こされる自信喪失・自己批判。大きな苦悩と影響をともなう。自分への否定的見方を事実と捉え、肯定的な見方ができない。日々の問題を自己の一部と見なし、回復の可能性を予想できない。

左側の最も極端な例は、就職の面接とか、初めてデートに誘うなど、特殊な条件のもとで一時的に自信喪失した人です。それによって生活に大きな支障はきたしません。難問にぶつかって少し不安になっているかもしれませんが、たいした苦もなく不安を解消でき、大問題とも思わず、すぐ自信を取り戻し、また果敢に難問に挑戦することでしょう。こういう人は問題を抱えても、人間として基本的に欠陥がある証拠だなどとは考えず、解決できる問題と見なします。

それに対して右側の最も極端な例は、自信喪失や自己批判に常に悩んでいる人です。こういう人は、どんなときも自分に対して肯定的な見方をしません。そういう視点を持っていないのです。ほんのささいなことから怒濤《どとう》のような自己批判の嵐にみまわれます。人生の難局に立ち向かう能力も、人と近しい関係を続ける能力も自分にはないと思っています。不安や悲観的な考えがあまりにも強く、生きていくのに支障をきたすこともあります。チャンスを逃し、難問を避け、人間関係はうまくいかず、喜びも感じず、業績もあげられず、いろいろな面で自滅的・自己破壊的な行動パターンをとるのです。こういう人が問題を抱えると、それを自分の本質から出たものと見なしてしまいます(「これこそが自分だ」「自分はこういう人間なのだ」)。だから、一歩下がって全体を見たり、外部から助けを借りずに事態を改善するために系統だった努力をするということができないのです。たとえできても、変えられるという自信が持てないため、また、すぐに変化が訪れないと努力を続けることができないために、改善はなかなかむずかしいのです。

私たちはたいがい、この左右両極端のあいだのどこかに入ります。この本が主に対象としているのも、この両極端のあいだの広い範囲にいる人たちです。自己評価が低く、何とかしたいと悩んでいる人、しかも、自分を見るいつもの見方から離れて別の見方を模索するだけの余裕を持っている人たちです。

この本の使い方

自己認識と自己受容をめざすあなたの旅のロードマップの役を果たしてくれるのが、この本です。自分を否定的に見るようになったその源を理解し、有害な思考習慣や自滅的な行動パターンがその見方を存続させてきたことに気づくための、道しるべとなる本です。詳細な自己観察をし、それをもとにして、自分を否定する意識を改革し、もっと自分を尊重し、やさしく受け入れる見方を養うように変えていく――その方法をあなたは知ることになるのです。大事なことは、

●いつも心を開いていること。
●新しいアイディアやスキルによる試みにすすんで取り組むこと。
●自己観察と実践を続ける時間と努力を惜しまないこと。

この本のいたるところに、どうしてあなたが自分に低い評価を与えることになったのか、低い自己評価が日々のあなたにどういう影響を与えているのかを考えるチャンスがあります。読んだことを自分の状況に応用できるよう、参考とすべきさまざまな実践訓練や記録シートも出てきます。こ

の本をどう使うかはあなた次第です。一つか二つ役に立ちそうなアドバイスを採るだけで、さっと読み進もうと思うかもしれません。あるいは、各章の「はじめに」を読んで、これは時間と労力を注ぎ込んできちんと取り組むだけの価値はありそうだと思うかもしれません。

その場合、一度に一章ずつ進むのが最も効果的です。各章で紹介される有益なアイディアとスキルは、それぞれ前の章で説明されたことが土台になっているからです。まずは章全体をざっと読み、何について書かれているか全体像を把握します。そのとき、とくにあなたの目を引いた例や話を心に留め、その章があなた自身にどう当てはまるのかを考えます。なにしろ、あなたに関することは、あなたが専門家なのですから。それから、章の初めに戻って細部まで丁寧に読み、課題にきちんと取り組みます。説明されている方法がどんなもので、どう使うかを理解し、成果が出はじめているという感覚をつかむまで、次の章には進まないことです。急いで進むと、どれも中途半端になって、せっかくのアイディアも、あなたの自分に対する見解に大きな影響を与えることができないかもしれません。必要な時間は必要なだけかけなければなりません。それだけの価値があなたにはあるのです。

最後まできちんと取り組むには時間が必要です。最も効果をあげるには、毎日一定の時間（二十〜三十分）を割いて読み、考え、実行計画を立て、記録を読み返すことです。これはたしかに努力の要《い》ることです。ときにはつらい出来事や問題についても考えることを要求されるのですから。でも、長いあいだ自信喪失に悩み、それがあなたを苦しめたり生き方を狭めたりしているならなおのこと、努力は大きな成果をもたらしてくれるかもしれません。また、行き詰まって前に進めなくなったり、いつもの硬直した考えに代わる新しい考えが浮かばなかったりするかもしれませんが、そんなときは自分に腹を立てたりあきらめたりせず、しばらくそこから離れ、リラックスして頭がすっきりしてからまた戻ってください。友達といっしょに取り組むのもいいでしょう。二人のほうがやりやすいことも多いし、行き詰まるところが違うかもしれません。

認知行動療法を用いて

「認知行動療法」とは、フィラデルフィアの精神科医アーロン・T・ベック教授が開発した精神療法です。これは心理学理論と臨床研究に立脚した実証にもとづく療法で、初めは一九七〇年代後半にうつ病の治療法として効果をあげました。その後、適用範囲が広がり、今では、不安、パニック、対人関係障害、性障害、摂食障害（過食症や拒食症など）、アルコール依存、薬物依存、心的外傷後ストレス障害など、さまざまな障害に適用されて成果をあげています。

認知行動療法は、低い自己評価を改善する理想的な方法です。どうしてそういう問題が起き、なぜ続いているのかが、わかりやすい仕組みになっているからです。この療法はとくにさまざまな考えや思い込み、態度、見解に焦点を当てます（それが「認知」の意味です）が、もうおわかりのように、低い自己評価の核を作るのが、自分に対する見解なのです。

ただ、理解し認識できたからといって、それだけでは十分ではありません。認知行動療法には、変化を持続させるための実際的方法が用意されています。テストを重ねて、効果も実証済みです。

ただ抽象的な言葉ですませる「対話療法」には止まらず、低い自己評価を克服するために、あなたにも能動的な役割が与えられます。新しいアイディアを日々実践し、これまでとは違う行動をして、それがあなたの自己評価にどう反映されるかを観察する、そのための方法を見つけるのです（これが「行動」の意味です）。

これは、根本的な問題に取り組むための、常識に沿った現実的な方法です。自分やほかの人、人生に対して自分が抱くさまざまな思いに目を向け、それを変えるように導いてくれるものです。あなたは日常の行動について実験的な取り組みをし、仕事や友人や家族に対して、また（たとえ一人で家にいるときでも）自分自身への接し方について、新しいアイディアを実践することになります。認知行動療法は、あなたをあなた自身のセラピストにし、洞察力を高め、改善のための計画を立て、実践し、その結果を自分で審査するように指導してくれるのです。ここで獲得し実践した新しいスキルは、生涯あなたの役に立ってくれることでしょう。

この本の概要

第二章では、低い自己評価がどのようにして生まれてくるのか、詳しいところまで踏み込みます。これまでのどんな経験があなたの自分に対する見方をつくったのかを考え、それによって、自分を見る目について完璧に理解できるようにします。

第三章では、なぜ否定的な見方が今日まで続いてきたか、不安や自己批判と有害な行動パターンが悪循環をなし、どのように自己評価の高まりを阻んできたかに迫ります。

第四章では、この悪循環を断ち切るための第一歩を提案します。あなたを不安におとしいれ、能力を削ぎ、低い自己評価をつくりだしている否定的な予測に気づいて、それに疑問を呈する方法を示します。

第五章と第六章は対になっています。五章は、自己批判的考えを捉えてそれに反論する方法を、六章では、自己に対するより肯定的な見方をつくりあげ、強化する方法を示します。

第七章。低い自己評価を補うための戦術である「生きるためのルール」を変える方法を考えます。第八章。低い自己評価の核となっている自分に対する否定的見方（最終結論）を突き崩す方法を考えます。

最後の第九章では、それまで学習してきたことのまとめ方を示し、さらに前進するにはどうしたらいいかを示します。

自分に対する見方を突き崩す方法が、最後にようやく出てくることに気づいたでしょうか。妙だと思うでしょう。自分に対する否定的な見方を変えることがまず第一のはずなのですから。実は、長いあいだ信じつづけてきたことを変えるいちばんの近道は、まずそれが今どんな働きをしているかを考えることなのです。自分に対する基本的な見方を変えるには、何週間も何カ月もかかるかもしれません。この漠とした作業に最初から取り組んでは、最もむずかしいことから始めることになります。なかなか進まないかもしれないし、やる気をなくす恐れもあります。

ところが、まずそのときどきでの考え方や行動を変えていくと、自分に対する思いにすぐに影響を与えることができます。数日で急激な変化が起こることもあります。日々のさまざまな状況での自分の考え方や感じ方に注目することで、自分に対する思い込みがどんなものか、それが自分の生活にどんな影響を及ぼしているかが明確になります。これが、あとでより大きな問題と対峙《たいじ》するときに確たる土台になってくれるはずです。自分に対する否定的な思い込みと直接対決する前から、すでにその思い込みに影響を与えられるかもしれないのです。ことあるごとに次のような問いを自分に投げかけていけば、とくにその影響は大きくなります。

- ●自分に対する見解にとって、これはどういう意味を持つか。
- ●自分はだめな人間だという評価に、これはどう合致するか（しないか）。
- ●このことから、人としての自分を見る目にどんな変化が生まれるか。

考え方や行動に小さな変化を加えていけば、やがては自分に対する否定的な思い込みという大きな岩もだんだん削られていくということに、あなたは気づくはずです。第八章に入るころには、その岩もあと二、三回打てば砕けてしまうほど小さくなっているかもしれません。そこまでいかなくても、悲観的考えを突き崩して前向きな考えに目を向けるために努力してきたことが、最後に漠とした大問題に挑むのに大いに役立ってくれることでしょう。

幸運を祈ります。楽しい旅を！

第一章のまとめ

❶ 自己評価は、自分自身に対して抱く意見、自分に下す判定、人として自分におく価値を反映するものである。

❷ 「自己評価が低い」とは、自分をだめな人間だと思い、劣っていると判定し、ほとんど、あるいはまったく価値がないと思うことである。

❸ 低い自己評価の核となるのは、自分に対する否定的な思い込みである。それは日常のさまざまな面に反映され、また人生のさまざまな面に多大な影響を与えることがある。

❹ 低い自己評価がになう役割はさまざまである。今抱えている障害の一症状かもしれないし、ほかの問題から派生しているのかもしれない。また、ほかのさまざまな障害に屈しやすくなる要因となることもある。いずれにしても、日々の生活に支障をきたす度合は、人によってさまざまである。

❺ この本は、認知行動療法を用いて、あなたの低い自己評価がどのように生まれ、なぜ続いているのかを理解するための仕組みを提供するものである。自分に対する今までの否定的な思い込みをなくし、それに代わるもっと現実的で有益な新しい見方を確立し、強化するための実践的な方法も用意されている。

【第二部】

「自己評価が低い」とは何かを知る

第二章◆低い自己評価はどのようにして生まれるか

はじめに

低い自己評価の中心には、自分に対する否定的悲観的な思い込みがあります。そしてそれは、まるで身長か体重のように、事実として述べられます。嘘をついているのでないかぎり、あるいは正確な情報を持っていないのでないかぎり、身長や体重は明白な事実であり、自分も人も容易に確認することができます。

ところが、自分に下した評価や、人としての自分におく価値となると、そうはいきません。自分をどう見るか（自己評価）は一つの意見であって、事実ではありません。意見は間違ったり、偏ったり、不正確だったり、まったくの誤りだったりします。自分に対して抱く思いは、これまでの人生で経験してきたことの結果として育ったものです。その経験がおおむね肯定できるようなものなら、自分に対する評価も肯定的なものになり、反対に、これまでの経験がおおむね悲観的否定的なものなら、自分に対する評価も悲観的否定的なものになりがちだということです。

この章では、経験がどのように低い自己評価につながり、どのようにそれが強化されていくかを探っていきます。低い自己評価に至るプロセスは、次のページの図の前半にまとめられ、低い自己評価が認知行動療法ではどう理解されるのかが示されています。これを頭において、ざっと読み通してください。読みながら、説明されていることがあなた自身にどう当てはまるかも考えてください。あなたの場合、どんな経験が低い自己評価を生んだのか。あなたの「最終結論」とは何か。あなたの「生きるためのルール」とは何か。

メモ用紙かノートをそばにおいて、読みながら心に浮かんだことを書き留めましょう。どうしてあなたが自分に対して今のような見方をするようになったのかを理解し、あなたの低い自己評価を育てた経験が何であるかを認識する材料とするためです。あなたが自分に抱いている思いは、あなたの体験が生んだ当然の反応であって、同じような体験をすれば、誰でも同じような見方をするようになるにちがいないと気づくでしょう。

そう気づくことが、変化の第一歩です。自分に対して(おそらく何年も前に)下した結論が、自分の考え方や感じ方や行動に長いこと影響を与えてきたのだとわかってくるでしょう。次の章では、今のあなたの生き方が低い自己評価を持続させているという実態――しっかりできあがった反応パターンが自己評価が変わることを阻んでいる実態――がわかってくるはずです。それは、逆に言えば、評価は変わるものだということを意味しています。どうしたら変えられるか、どうしたら今ま

図1　低い自己評価——相関マップ

（幼いころの）体験
自分に対する見解と密接にかかわる事件、人間関係、生活環境
（拒絶、育児放棄、虐待、非難と罰、称賛や関心や
ぬくもりの欠如、変わり種であること、など）

↓

最終結論
人間としての価値の評価
経験にもとづいて自分に下す判定——自分はこういう人間だ
（自分は悪い人間だ、自分は無価値だ、自分は愚かだ、
自分はもっと優秀でなければならない、など）

↓

生きるためのルール
最終結論が正しいと信じて、
それでも生きつづけていくための指針、方針、方策
自分の価値を測る基準
（いつも人を優先させなければならない、もし自分の考えを言ったら
拒絶されるだろう、あらゆることを可能なかぎりの最高水準で行わなければ
何事も達成できない、など）

（低い自己評価がどのように生まれ育つか）

↓

引き金となる状況
生きるためのルールが破られる（かもしれない）状況
（拒絶される、失敗しそうだ、統制不能に
おちいるかもしれない、など）

↓

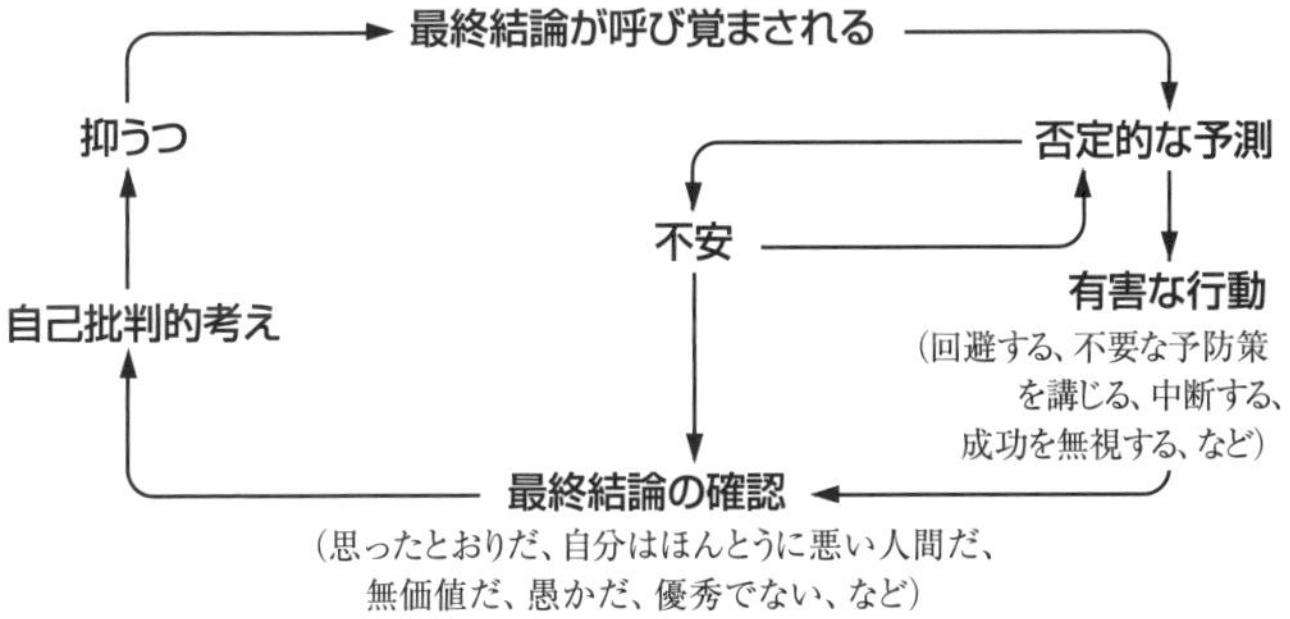

（何が低い自己評価を存続させるのか）

での否定的な見方をやめて、もっと肯定的で寛大な見方ができるようになるかを、これからの章でもっと詳しく述べていきます。

経験——思い込みのルーツ

認知行動療法は、自分についての（あるいは、ほかの人や人生についての）思い込みは、すべて学習によって得られるものだという考えにもとづいています。思い込みのルーツは経験にあります。自分についての思い込みとは、自分に起こったことを基礎にして持つに至った結論と言えるでしょう。だからこそ、どんなに有害で現状には合わない思い込みでも、それなりに納得できるのです。あなたの身に起こったことを考えれば、その思い込みが確かな意味を持っていたときがあったのですから。

直接の体験、観察、メディア、周囲の人の言動など、いろいろなものを通して人は学習します。自分に対する思い込みをつくってしまうような深刻な経験とは、（例外もありますが）幼児体験であることがしばしばです。子供のころ家庭や地域や学校で見たり聞いたり体験したりしたことが、今に残る形であなたの考えに影響を与えてきたと考えられます。

自分はだめだという思い込みをつくってしまう経験は、いろいろあります。そのいくつかを次にまとめてみましょう。そのあと各項目を詳しく見ていきます。

低い自己評価につながる経験

幼いころの体験
- 常習的な罰、虐待
- 親の設定する基準を満たせない
- 仲間の設定する基準を満たせない
- 人のストレスや苦痛のはけ口になる
- 偏見を持たれる家族やグループの一員である
- 称賛、愛情、ぬくもり、関心を寄せられるなど、心地よいことがない
- 家族のなかの変わり種
- 学校での変わり種

長じてからの体験
- 職場での脅しやいじめ、虐待をともなう人間関係、継続的なストレスや苦痛、衝撃的な出来事との遭遇

常習的な罰、虐待

自分をどう見、自分にどういう価値をおくかは、幼いころどう扱われたかによると言えるかもしれません。ひどい扱いを受けた子供は、自分が悪いからだ、そうされても当然なのだと思ってしま

うのです。しじゅう罰を受けたり（とくに行き過ぎたもの、予想しないもの、意味のわからないもの）、捨てられたり、放っておかれたり、虐待を受けたりすると、精神的な傷となって残ります。それがのちのちまで自分に対する見方に影響を及ぼすことになるのです。

【ブライオニーの場合】

ブライオニーは七歳のときに自動車事故で両親を亡くし、父親の兄夫婦に養女として引き取られた。そこには年上の娘が二人いた。ブライオニーは一家のスケープゴートにされ、よくないことはすべて彼女のせいにされて、何をやっても認められなかった。人を喜ばすことの好きなやさしい少女だったブライオニーは、いい子になろうと必死で頑張ったが、うまくいかず、くる日もくる日も新しい罰を受けなければならなかった。友達も、大好きだった音楽も取り上げられ、不公平な家事分担を押しつけられ、混乱は増すばかりだった。なぜやることなすことうまくいかないのか、ブライオニーにはわからなかった。

十一歳になったある晩、夜中に継父が部屋に忍び込んできて、彼女の口をふさぎ、レイプした。継父は言った。「お前は胸くその悪い嫌われ者だ、これはお前自身が求めたことなんだ、お前が薄汚い嘘つきだってことはみんな知っているから、このことを人にしゃべっても誰も信用してくれないぞ」。その後、彼女は恐ろしさのあまり家のまわりをさまよい歩いたが、誰も気にかける者はいなかった。ブライオニーの自分に対する評価はこのとき決まった。自分は悪い人間なのだ。人にもそれがわかるから、自分はそういうふうに扱われるのだと。

親の設定する基準を満たせない

ブライオニーの場合は極端ですが、そこまでひどい虐待でなくても、自分はだめな人間だと思い込まされてしまう場合があります。もっと軽い罰や批判でも、傷となって残ることがあるのです。何をやってもうまくできないと思わされたり、成功や長所は無視されて失敗や欠点ばかり取り上げられたり、からかわれたり、馬鹿にされたり、けなされたり、劣っていると感じさせられたり――そんな扱いを受けると（たとえそれほどひどくなくても）、自分には何か基本的に劣ったところがある、あるいは何かが欠けているという感覚が残ってしまうことがあるのです。

【ジェシーの場合】

ジェシーの父親は保険のセールスマンだった。主任に昇進したいという野心を叶えられずにいるのは、学生時代に自分を放任した両親のせいだと思っていた。両親は彼の行動に無関心で、学校をずる休みするのも、宿題をさぼるのも簡単だった。彼は自分の子供には同じ過ちを繰り返させまいと心に決めていた。毎晩、夕食のテーブルにつくと、子供たちに習ってきたことについて質問した。全員がきちんと答えなければならないし、その答えは正しくなければならなかった。

帰宅して家の前に父親の車が停まっているのを見たときの、ぞっとした気持ちをジェシーは忘れることができなかった。今日もあのつらい尋問が始まるのだ。きっとまた頭が真っ白になって、何を言ったらいいかわからなくなるにちがいない。そんなとき父親はとたんに落胆の表情を浮かべる。自分は父親を失望させているのだ。だから、その後もねちねちと質問が続いてもしかたがないのだと思う。父親は言う。「もっと頑張らないと、おとなになっても偉くなれんぞ」。心の奥底では、ジェシーもそう思う。彼にははっきりわかっていた。自分は期待される基準を満たすことのできない人間で、絶対、成功することはないだろうと。

仲間の設定する基準を満たせない

子供や若者は、親があからさまに、あるいはそれとなく求める基準に強い影響を受けます。が、そればかりでなく、同年齢の仲間たちが要求する基準にも強く影響される場合があります。とくに自立心が芽生え性意識も強くなる思春期には、周囲と同じでなければならないという圧力がぐんと高くなります。仲間と同じ水準に達していないと思うことは、大変な苦痛であり、自己評価に長く影響を残すことにもなります。

【カレンの場合】

カレンはスポーツとダンスが好きな、丈夫でエネルギッシュで魅力的な女の子だった。彼女が成長期にあった時代、背が高くてがりがりに痩せているのが女性の理想の体型とされていた。けっして太ってはいなかった彼女だが、体つきはその理想にはほど遠いものだった。母親は娘に自信を持たせようとして、「体格がいい」だけだと言いつづけた。自分の体型に満足してもらいたい一心だったのだが、これはまずかった。逆効果となったのだ。「体格がいい」のは、カレンにとってあってはならない姿だった。友達はみなファッションに夢中で、ショッピングと服の試着に明け暮れていた。カレンもみんなと出かけたが、いっしょに試着室に入るのは耐えがたいほど恥ずかしく、友達の目が気になった。自分の肉体が理想には遠く及ばないことを、鏡という鏡が見せつけてくる。広い肩幅、肉付きのいいヒップ――どうにも我慢がならなかった。

カレンはダイエットすることを決意した。最初の二週間で数キロ落とし、友達からはきれいになったと言われた。カレンは嬉しくなって、食事を減らしつづけ、体重も減りつづけた。だが、いくら頑張っても満足のいく体型にはならなかった。そのうえ、いつも空腹だった。結局あきらめて、またふつうに食べだした。いや、食べすぎだった。このときから始まった、ダイエットと過食を交互に繰り返すパターンは、その後もずっと断ち切ることはできなかった。カレンが自分の体型に満足したことは一度もなかった。彼女の目には、太った醜い体にしか見えなかった。

人のストレスや苦痛のはけ口になる

もともとは両親が心から子供を愛し大事にする愛情あふれる家族でも、状況の変化がストレスや苦痛を生み、それが子供にのちのちまで影響を及ぼすことになる場合があります。ストレスにさらされ、不満を抱き、何かに気を取られている親は、幼い子供ならごく当然のわんぱくやわがまま、不器用さが我慢できなかったりします。

【ジェフの場合】

ジェフは好奇心旺盛な元気いっぱいの男の子だった。歩けるようになったとたん、そこらじゅうの物に指をつっこんで回った。目に留まる物があれば、飛んでいって触ってみる。恐れというものを知らず、よちよち歩きのころからすぐ木に登ったり、水に潜ったりした。母親はよく言ったものだ。「あの子を追い回すには、後ろに目がないと」。両親は、冒険好きで探究心旺盛な彼を誇りにし、楽しくてかわいい子だと思っていた。

ところが、ジェフが三歳のとき、母親が双子の赤ん坊を生んだ。ちょうどそのころ父親が失業し、次に見つけた仕事は給料が前よりずっと低かった。一家は、庭付きの家からビルの五階にある狭いアパートに引っ越した。おまけに赤ん坊が二人もいては、もう目茶苦茶だった。父親は失業のショックから不機嫌で怒りっぽくなった。母親はいつも疲れていた。狭いアパートに閉じ込められて、ジェフのエネルギーは行き場を失い、その好奇心はただただ混乱を生むばかりだった。

ジェフは怒りと欲求不満のはけ口となった。幼い彼には、何もかもがなぜこんなに変わってしまったのか理解できなかった。叱られないようにじっと座っていても、結局はどなられ、ときには叩かれる。自然にしているだけで、手に負えない乱暴者と言われるようになった。おとなになっても、非難や批判の言葉を聞くと昔の感覚がよみがえる。自分はだめだという思い、絶望感——ひと言で言うなら、受け入れられない、という感覚である。

家族の社会的地位

自己評価は、ただ本人が個人的にどう扱われたかだけによってつくられるものではありません。家族を含めてどういう生活をし、どういうグループに属していたかが低い自己評価を生む結果になることもあるのです。たとえば、あなたの家族がひどく貧しかったり、両親が隣人たちに蔑《さげす》まれてつらい思いをしたり、あなたの属する人種や文化、宗教が敵意や軽蔑の対象になっていたりすると、あなたは劣等感を持ちつづけることになるかもしれません。

【アランの場合】

アランの場合がまさにそうだった。彼の生い立ちを見ると、家族が地域社会に受け入れられないがゆえに、元気でかわいい子供が、自分にはその社会に貢献するものなど何もないと思い込むに至る経緯がよくわかる。

アランは七人きょうだいの真ん中で、一家は流民だった。母親と母方の祖母に育てられたが、そこには父親と呼べる存在はなかった。生活は苦しかった。いつも困窮し、明日のことさえわからない状態だった。祖母は髪をブリーチし、人目を引く格好をしているうえに酒びたりだった。赤ん坊を二人、古い乳母車に乗せた祖母が、泣きじゃくるもう一人の幼児と年上の子供たちを従え、学校めがけて通りを走り抜ける光景を、アランははっきりと覚えていた。貧しかったから、子供たちは全員が上の子のお下がりを着せられ、シャツは薄汚れ、靴はすり減り、顔には泥がついたままで、髪は逆立っていた。祖母はときどき足を止めては、ほら早くと子供たちをどなりつけ、せき立てた。

反対方向から来た人たちが、近づいてくる一家を見つける。そのときの顔が、アランの心に焼きついて離れなかった。口をゆがめ、眉をひそめ、目をそらす。ひそひそと言い合う声も聞こえる。学校に行っても同じだった。運動場にいた子供や親たちは、一家のそばにはけっして近寄ってこないのだった。

アランの祖母も周囲の態度には十分気づいていた。彼女は彼女なりに、一家を守るのに必死だった。それで、よけいに大声で口汚くののしり、脅しつけたりしたのだ。

学校に通っているあいだ、アランはひどく恥ずかしかった。自分を無価値な浮浪者のように感じた。唯一の防衛手段は攻撃だった。喧嘩に明け暮れ、勉強もせず、成績も悪く、法すれすれに生きる若者たちの仲間入りをしていく。自分が誇らしく思えるのは、盗んでも捕まらず、相手を叩きのめしても報復を受けることなく——うまく法を破ったときだけだった。

心地よいことが何もない

今まであげたような痛ましい体験が、自分は悪い人間だ、無力だ、劣っている、弱い、愛されないと思い込む原因になることはよくわかります。ただ、それほど明白ではないけれど、重要な意味を持つ体験というのもあるのです。

問題は、劇的な「悪いことがあった」かどうかよりも、受け入れられている、価値を認められているという感覚、心地よさにつながる日常的な「いいことがなかった」ということではないでしょうか。十分な関心、十分な称賛や励まし、十分な温かさや愛情、愛され必要とされ大事にされていると確信できる十分にして率直な表現が、受けられなかったということです。実際にいじめられることはなくても、家族間での直接的な愛情表現がなかったのかもしれません。

【ケイトの場合】

ケイトは、イギリスの厳格な中流階級出身で、すでに中年となっていた両親のもとで育てられた。善良な心の持ち主である両親は、一人娘に立派な教育を授け、健全な子供時代を過ごさせようと最大の努力を払っていたのだが、自分たちが育った環境から、おおっぴらに愛情を表現することが苦手だった。娘の具体的な生活の面倒をみるのが、彼らの唯一の愛情表現だった。宿題をきちんとさせ、バランスのいい食事をさせ、身だしなみをととのえさせ、良い本良いおもちゃを与える——そういうことに細かな気を配っていた。

娘の成長に合わせて、立派な学校に通わせ、スイミングスクールに入れ、友達と休暇を過ごさせた。が、娘の体に触れることはほとんどなかった。抱きしめたり、キスしたり、愛称で呼んだりすることはなかった。初めはそんなことには気づきもしなかったケイトだったが、率直に愛情を表現し合うほかの家庭を見るにつけ、自分の家庭に悲しい虚しさを覚えるようになった。そこで、変える努力をした。父親といっしょに歩くときはその手を取ってみたが、父はすぐそれとなく手を放してしまう。母親の腰に手を回すと、母親は身を硬くする。自分の気持ちを話そうとしても、両親はぎごちない表情で、さっと話題を変えてしまうのだった。

両親の自分に対する態度は、私の何かをそのまま映し出しているにちがいない——それがケイトの結論だった。両親は自分に対する義務を果たしているだけなのだ、自分は基本的に愛されない存在なのだ、と。

家族のなかの変わり種

低い自己評価をつくる体験としてもっとわかりにくいのが「仲間はずれ」体験です。親兄弟と「合わない」ということです。あなたは、学者タイプ一家のなかで一人だけ芸術家タイプだったり、物静かな家族のなかで一人元気いっぱいのスポーツマンだったり、活動的な家族のなかにあって一人読書や考え事を好む子供だったりしませんでしたか？　あなたが悪いのではないし、親兄弟が悪いのでもない。でもなぜか家族の規範からはずれ、基準に合わないのです。単に悪意のないからかいや、軽い戸惑いの対象になっていただけかもしれません。でも、こういう状況にある人は、基準からはずれるのは異常で、受け入れられない、あるいは劣っているということだという意識を植えつけられてしまうことがあるのです。

【サラの場合】

サラは才能豊かなアーティストだったが、両親は二人とも、学業優秀であることが人生で最も重要なことだと考える教師だった。よくできる二人の兄が大学でも成績優秀で、それぞれ医師と弁護士になったことを何よりも喜んでいた。サラのほうは、ごくふつうの生徒だった。勉強がとくにできないわけではなかったが、両親が期待するほどには優秀ではなかった。

サラのほんとうの才能は、その手と目にあった。デッサンも油絵も見事に描き、コラージュはエネルギーと色彩にあふれていた。両親はサラの芸術的才能を理解し認めようと努力したが、基本的には美術など瑣末なもの、時間の浪費だと思っていた。両親にははっきり批判めいたことを言われたわけではなかったが、兄たちの活躍ぶりを聞いたときの嬉しそうな顔と、自分が作品を家に持ち帰ったときの冷めた態度を、サラはつい比べてしまうのだった。「あら素敵じゃない」。いつでも、作品をじっくり見るよりもっと大事なことがあると言わんばかりの態度だったのである。

自分はほかの優秀な人たちに比べて劣っている。それがサラの結論だった。おとなになっても、自分の才能を認めたり喜んだりできなかった。アーティストとしての自分の仕事を低く見るようなことや、言い訳めいたことをつい言ってしまったり、自分より教養が高いと思う人の前では、自己批判的な考えにおちいって口数が少なくなってしまうのである。

学校での変わり種

家族のなかの変わり種であることが自己評価を低くするのと同じように、学校でも、ほかの生徒と違っていることが自分を風変わりで異様で劣っていると見てしまう原因になります。子供や若者がグループのなかで突出していると、残酷ないじめにあったりのけ者にされたりすることがあります。多くの子供にとって、人と違っていることは悪いことなのです。(肌の色や眼鏡など)外見の違いや、(引っ込み思案だとか繊細だとかの)性格の違い、(訛りがある、親とべったり仲良くするのが当然と見られる年齢を過ぎてもそのままであるなど)振る舞いの違い、(抜群に知能が高く学校の成績もいい、覚えが悪いなど)能力の違い――それが悪いことになってしまうのです。

【クリスの場合】

幼いころのクリスは幸せだった。ところが学校に行きだしたとたん,つらい体験が始まった。彼は診断未確定の読書障害を抱えていたのだ。クラスの生徒たちが先を争うように読み書きを覚えていくなかで、クリスだけが取り残される。何をどうしていいのかさえわからない。クリスには特別に指導してくれる先生がつき、宿題の読書記録もほかの子とは違うものが与えられた。

クリスは友達から「アホ」「ドジ」とからかわれ、クラスのピエロを演じることで自分を守るようになった。いつも先生を冷やかす役を引き受け、悪ふざけに同調する。先生たちの我慢も限界にきて、クリスの障害を「怠けている」「注目を集めるためにわざとやっている」と決めつけるようになった。両親は再三、学校から呼び出しを受けて彼の行状について注意されたが、そんなときクリスはこう言ったものだ。「だって、しょうがないよ。ぼく馬鹿なんだから」

長じてからの体験

低い自己評価の根は、子供時代や思春期の体験にあることが多いのですが、必ずそうとは限らないことも知っておいてください。自分に対して非常に好意的な見方をする自信満々の人でも、後年強力で影響の長引くような体験をすることで自己評価を低くしてしまう場合があるのです。職場での脅しやいじめ、配偶者の暴力、長期にわたる過酷なストレスやつらい結婚生活、トラウマとなるような出来事との遭遇などがそれです。

【ジムの場合】

ジムは消防士だった。仕事がら、たくさんの事故現場や火災現場に行き、人命を救助したことも一度ならずあった。安定した幸せな子供時代を送り、両親の愛をたっぷり感じながら育った。自分は強くて有能で、およそどんなことに出会ってもきちんと対処できると思っていた。だからこそ、きつい危険な仕事もうまくこなし、前向きで陽気な人でいられたのである。

ところがある日のこと、往来の激しい道路を車で走っていたジムは、突然歩道から飛び出してきた女性を轢《ひ》いてしまった。いつも救急用具を持っているジムは、すぐ車から出て怪我のようすを見た。だが、居合わせた人たちが救急車を呼び、女性を助けようと集まってくるうち、ジムはショックで気分が悪くなり、車のなかに戻ってしまった。

やがて、恐ろしい事故にあったり目撃したりした人の多くがそうであるように、ジムも心的外傷後ストレス障害に悩まされるようになった。心のなかで事故のもようを何度も何度も反すうする。まるで憑《つ》かれたように、寝ても覚めても被害者のことが頭から離れない。罪の意識にさいなまれ、事故は避けることができたのではないか、最後まで被害者のそばについているべきではなかったかと思い悩んだ。常に緊張し、いらいらし、みじめだった。それまでのジムとは別人になっていた。

いつもは何か問題が起きると、時間は流れるもの、過去のことは忘れて今に生きるのだと自分に言い聞かせるジムだったから、事故のことは考えず、感情を押さえつけようとした。が、残念ながら、そんなことでは、とても起きてしまったことに折り合いをつけることも、慣れることもできない。自分の性格が根本的に、しかも悪いほうに、変わってしまったとジムは感じはじめた。事故を避けられなかったこと、自分の車のなかに逃げ戻ったこと、自分の感情や思考をコントロールできないこと、それらすべてが、自分がそれまで信じていたような強くて有能な人間どころか、ほんとうは弱くて無能な人間――神経症の敗残者であることを物語っているように思えた。

過去と現在を結ぶ橋――「最終結論」

これらの話はすべて、経験が自己評価をつくることを教えています。人は成長する過程で、自分にとって大切な人の声を自分のなかに取り込んでいきます。両親に限らず、祖父母、兄や姉、教師、保母、友達、同級生――誰もが自信や自己評価に大きな影響を与える可能性があります。彼らとまったく同じ厳しい口調で自分を批判し、彼らとまったく同じように、自分をほかの人やあるべき理想像と比較します。つまり、今私たちが自分に対して持っている見解や思い込みは、子供のころに人から感じ取ったメッセージをそのまま映している場合が多いのです。

また、子供のころ体験した感情や感覚をふたたび体験したり、子供のころ持ったイメージが心の目に映し出されたりすることもあります。たとえばサラは、展覧会に作品を出品しようとして、ふいに母親のいらだった声がよみがえり（「あなたが気に入ってるなら、いいのよ」）、子供のころと同じように胃のあたりに重苦しいものを感じたものです。ジェフは、アイディアが次々わいて体力気力絶好調のときでも、突如、どなりちらす父親の怒りにゆがんだ顔が心をよぎると、たちまち自分が無能で劣った人間のような気がして落ち込んでしまうのです。

なぜでしょう。人生は過ぎゆくものです。もう子供ではないのだし、おとなとしての経験も十分積んだはずです。それなのに、そんな昔の出来事が現在の私たちにいまだに影響力を持つのは、なぜなのでしょう。

答えは、体験したことが、自分についての総合的な判断、人間としての自分に対する判定の基礎となってしまう、そのことにあります。こういう判断や判定を「最終結論」と呼ぶことにしましょう。最終結論とは、自分を見る見方であって、これが低い自己評価の核となります。それはしばしば「私は……だ」というごく短い言葉にまとめられます。今まで読んできた人たちの話を振り返ってみましょう。彼らの「最終結論」は何だと思いますか？

最終結論

●ブライオニー「私は悪い人間だ」
●ジェシー「私はもっと優秀であるべきだ」
●カレン「私は醜いデブだ」
●ジェフ「私は人に受け入れてもらえない」
●アラン「私は無価値だ」
●ケイト「私は人に愛されない」
●サラ「私は大切な存在ではない、劣っている」
●クリス「私は愚鈍だ」
●ジム「私は有能で強い　↓　私は神経症の敗残者だ」

この人たちがこんな悲しい思い込みを持つようになってしまうのも、彼らの体験からくる自然の流れです。彼らの体験を知れば、自分をそういう人間だと思い込むのもよくわかります。でも、九人の話を読んで、あなたは彼らの意見に賛成しますか？

第三者から見れば、ブライオニーが受けた仕打ちに対して、本人には何の責任もないことはわかるはずです。ジェシーの父親の野心が息子を見る目を曇らせてしまったことも、カレンが理想にほど遠いのはその理想が間違っているからだということも、ジェフの両親の態度が変わったのは苦しい状況が息子の愛すべき特質を見失わせ、息子のエネルギーをストレスに転じてしまったせいだということも、わかるはずです。アランが嫌われるのは彼のせいではないことも、ケイトの両親の自制心が娘への愛情表現を抑えてしまっていただけだということも、サラの両親が狭くるしい枠をつくってしまっていたために娘の才能を喜べなかったのだということも、クリスの覚えが悪いのは頭が悪いせいではないことも、ジムの苦悩は恐ろしい事件に遭遇した人の無理もない正常な反応であって、弱さや能力不足の証拠ではないことも、おそらくはっきりと理解できることでしょう。

さて、今度はあなた自身の自己評価と、それをつくってしまった成長期の、またはその後の体験について考えてみましょう。あなたの最終結論は何だと思いますか？　自分に批判的になったとき、自分をどう表現しますか？　自分に怒ったときやいらいらしたとき、自分にどんな悪態をつきますか？　人があなたに失望したり怒ったりしたとき、どんな言葉をあなたに投げつけましたか？　両親やほかの家族や仲間があなたをどう思っていると感じましたか？　あなたが自分について抱いている不信感を「自分は……だ」とひと言にまとめるとしたら、どんな言葉になりますか？

忘れないでください。最終結論は経験からつくられるのです。あなたの場合、それはどんな経験でしょう。あなたが今自分に抱いている思いを最初に感じたのはいつだったか、考えてみてくださ い。自分に対する思いを決定した出来事がありますか？　一つではなくて、連続して起きたことですか？　それとも、冷たい雰囲気とか、とがめるような空気とか、漠然としたものですか？　それを書き出してみてください。あとで、あなたの自分に対する見方を変えるときの材料として使うことになります。

低い自己評価がどのようにして生まれるのかを理解することが、自分を変えるための第一歩です。ブライオニーたちが到達した結論は、自分が体験したことの意味を取り違えた誤解にもとづいているのはおわかりでしょう。その結論に至ったとき、彼らはもっと広い現実的な視野を築くおとなの見識を持っていなかった、あるいは気落ちしたあまり素直に考えることができなかったということを思えば、その誤解も十分納得がいきます。

そしてそれこそが、低い自己評価の核となる「最終結論」の最も重要なところです。どんなに強固に見えても、どんなに経験に深く根ざしていても、子供の視野で捉えたものである以上、ほとんどが偏っていて不正確なのです。昔からずっと自分に自信が持てないとしたら、最終結論を引き出したときのあなたが幼すぎて、「ちょっと待って」と言って一歩離れ、じっくり見てほんとうかどうか疑ってみることができなかったからだと考えられます。幼すぎて、それが事実ではなく、単に一つの意見であるということを理解できなかっただけなのです。

あなたの最終結論について考えてみてください。同じような誤解にもとづいて結論を下していませんか？　今の段階で、違う見方を持つのはむずかしいかもしれません。最終結論がいったんできてしまうと、そこから離れて疑ってみることはますますむずかしくなります。最終結論は、それに合うものはすぐに気づいて重視し、合わないものは排除し無視させるという、一貫してゆがんだ思考法によって維持され、強化されるからです。また、最終結論を正しいとする思い込みが、自分やほかの人、世の中に対処するための戦略である「生きるためのルール」を生み出していくことになります。

「考えのゆがみ」

自分に対する否定的な思い込みを維持させ、それによって自己評価を低く抑える「考えのゆがみ」には二つのものがあります。自分を認識するときのゆがみ（ゆがんだ認識）と、それを解釈するときのゆがみ（ゆがんだ解釈）です。

ゆがんだ認識

自己評価が低いと、自分に対する否定的な思い込みと一致するものに目が行く態勢ができてしまいます。身体的な特徴や性格、単純なミス、一定の基準や理想に追いつかないなど、自分について不満に思っていることや嫌いなところは、すぐに気がつきます。

反対に、思い込んでいる見方と一致しないことには気づかない態勢ができてしまい、自分の長所や素質、才能を明確に捉えることがむずかしくなります。その結果、うまくできたことではなく、うまくできなかったことにばかり気を取られて暮らすことになるのです。

ゆがんだ解釈

低い自己評価は自己認識をゆがめるだけでなく、認識したものの意味づけをもゆがめてしまいます。何かうまくいかないことがあると、それを広く一般化して自分に判定を下します。「いつもへ

図2　低い自己評価——考えのゆがみ

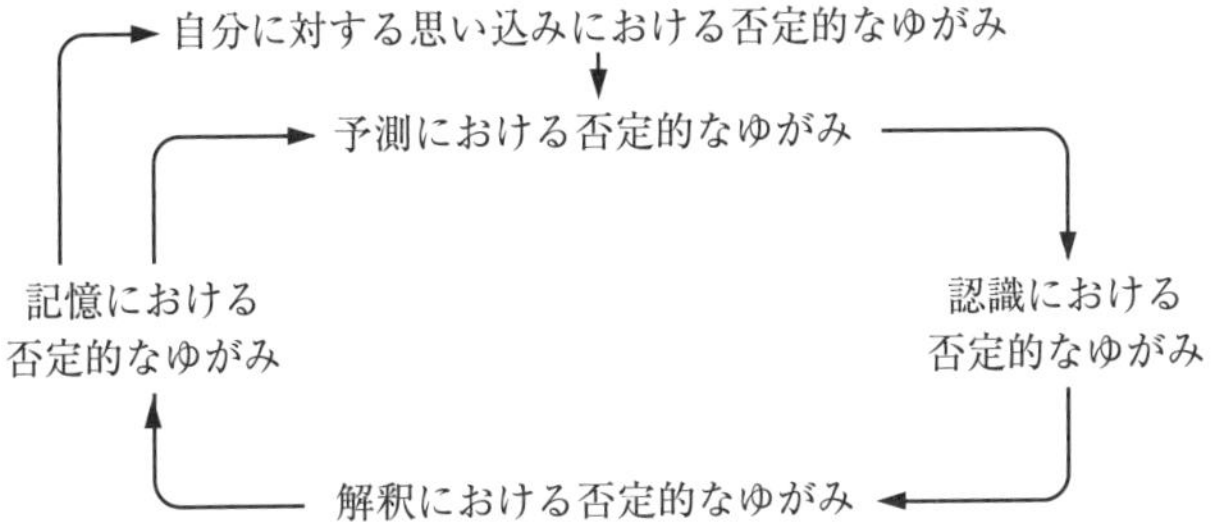

マばっかり」と。ごくささいな間違いや失敗でも、人間としての価値を映すものと見たり、将来を予告するものと思ったりしてしまうのです。良くも悪くもない、どちらかと言えば良い体験でさえ、いつもの自分についての見解と合致するようにゆがめてしまいます。たとえば、誰かに「素敵だ」と褒められると、今までがひどかったのだと勝手に解釈したり、「今日は特別で、いつもはひどいという意味だ」「気をつかってくれているだけ」などと、相手の言葉を信用しなかったりするのです。あなたの思考法はいつでも、自分に批判的な考えと一致するようにゆがめられてしまうのです。

最終的な結果

こういうゆがみが全体の仕組みを動かしているのです。自分に対する基本的な思い込みが否定的なものだから、物事は悪いほうに行くだろうと否定的な予測をしてしまいます。その予測によって、物事があなたの予測どおりになりそうなサインに敏感になります。しかも、物事がどう動こうと、それに否定的なひねりを加えてしまう。その結果、あなたが体験したことの記憶も否定的な方向にゆがめられてしまいます。こうして、自分に対する否定的な思い込みはますます強くなり、将来についても最悪の予測をするようになるのです（図2参照）。

アメリカの認知療法士であるクリスティン・パデスキーは、自分に対する否定的思い込みは「偏見」に似ていると考えればわかりやすいと言っています。偏見とは、あらゆる事実を考慮することなく、偏ってゆがんだ証拠にもとづいた、本来の価値とはまったく不釣り合いな力を持つ信念です。それは、人種、文化、宗教、特定の年齢層、性認識に対するものなど、私たちのまわりにいくらでも見ることができます。真の証拠にもとづかないこういった強力な信念が、人々を戦争に駆り立てることさえあるのです。

低い自己評価も同じことです。自分に対する考え方のゆがみ（自分自身に対する偏見）があなたの否定的見方を支え、あなたを不安と不幸におとしいれ、生き方を狭め、より広くよりバランスのとれた正確な視野であなたの実像を捉えることを妨げているのです。

「生きるためのルール」

たとえ自分を無能で無力な人間、魅力がなくて愛されない人間、満足のいかない人間だと信じていても、それでもこの世の中で生きていくしかありません。その助けとなるのが「生きるためのルール」です。それに従ってさえいえば、まずまず自分に不満を抱かずにすみます。つまり、どんな

表1　生きるためのルール

	最終結論	生きるためのルール
●ブライオニー	私は悪い人間だ	人を近づければ、その人は私を傷つけ、利用するだろう 誰にもほんとうの自分を見せてはならない
●ジェシー	私はもっと優秀であるべきだ	すべてきちんとできなければ人生で成功することはできない 誰かに批判されたら、それは失敗したということだ
●カレン	私は醜いデブだ	私の価値は容姿と体重で決まる
●ジェフ	私は人に受け入れてもらえない	常に自分を強く抑制していなければならない
●アラン	私は無価値だ	やり返さなければ生き残れない 何をやっても誰も受け入れてくれない
●ケイト	私は人に愛されない	期待されることをすべてやらなければ、人に受け入れられないだろう 欲しいものを欲しいと言ったらがっかりされるだろう
●サラ	私は大切な存在ではない 私は劣っている	人に関心を持たれないとしたら、それは関心を持たれるだけの価値が私にないからだ 人に認めてもらえなければ、何をしても価値がない
●クリス	私は愚鈍だ	失敗するくらいなら初めからやらないほうがましだ
●ジム	私は有能で強い 私は神経症の敗残者だ	どんなことに遭遇してもうまく処理できなくてはいけない 感情に負けるのは弱い証拠だ

最終結論を持っていようと、それなりにちゃんと生きていけるようにしてくれるのが、このルールなのです。

ただし、逆説めきますが、実はこの「生きるためのルール」もまた最終結論を支え、自己評価を低くとどめる働きをします。先に例をあげた人々の「生きるためのルール」を見れば（表1参照）、それは最終結論とのつながりのなかで意味を持つものであること、そしてそれが実際には低い自己評価を守る働きをすることがわかるはずです。

それぞれの人がつくりあげた「生きるためのルール」は、最終結論が正しいと決めてかかって、それでも何とかやっていこうという、いわば「抜け道」であって、日常的には生活上のポリシーや戦術という形をとります。たとえば、人に利用されるのではないかと恐れ、ほんとうの自分を隠そうとするブライオニーのルールは、人と親密な関係を築くのを避ける戦術へとつながります。彼女は人づきあいを最小限にとどめ、自分だけの空間をかたくなに守ろうとしていました。

こういう戦術はある程度成功します。たとえば、ジェシーの設定する高い基準と、失敗や批判を恐れる気持ちは、常に高いレベルを追求するためのモチベーションとなって、彼は仕事面で大成功をおさめる結果となりました。が、代償も払うことになったのです。生きるためのルールのおかげで、ジェシーの緊張感は高まるばかりで、リラックスしたり自分の成功を喜んだりすることができないのです。そのうえ、いつも高いレベルを目指さなければならないので、仕事ばかりの生活となり、人間関係や余暇は犠牲にせざるを得ませんでした。

「生きるためのルール」については、第七章で詳しく述べることにしましょう。

第二章のまとめ

❶ あなたの自分に対する思い込み（最終結論）は、意見であって、事実ではない。

❷ 最終結論は経験（多くの場合、幼児体験）にもとづいて自分に下した判定である。悪いことがあった場合もいいことがなかった場合も含め、さまざまな体験が自分に対する思い込みをつくる。

❸ いったん下してしまった最終結論は、なかなか変わらない。この最終結論に合致する体験はすぐに気づいて重視するが、最終結論と矛盾する体験は無視し軽視するという考えのゆがみによって、この最終結論は支えられ、強化されるからである。

❹ 最終結論はまた「生きるためのルール」を生む。これは、自分を不快に思わないために従うべき基準、またはガイドラインである。これは、最終結論が正しいと決めつけたうえで、それでも世の中を渡っていくための支えとして編み出されたものである。が、実際は低い自己評価を維持し存続させる働きをする。

第三章◆何が低い自己評価を存続させるのか

はじめに

自分に対する否定的な思い込みのルーツはたしかに過去にあるでしょうが、その影響は今も続いています。でなければ、あなたはこの本を読んでいないはずでしょう？　この章は、いかに日々の思考や行動のパターンが低い自己評価を存続させ、気楽にさまざまな経験をしたり、自分の価値を認めたりする邪魔になっているかを理解させてくれます。

これから私たちが見ていくのは、あなたが「生きるためのルール」を破って最終結論を呼び覚ますような状況におちいったとき、それをきっかけに作動する「悪循環」です。三七ページの図の下の部分に示されているものですが、それをこれからもっと詳しく説明します。不安な予測（否定的予測）や自己批判的考えが、あなたの日々の感情や言動にどう影響するかを示し、この悪循環がどのように始動するかを解説します。それをあなた自身に当てはめ、あなたの考えや感情や言動にどう当てはまるかを検証するのが、この章の目的です。この章を読んでいるあいだ、ずっと「これは自分にどう当てはまるか」と自問してください。

この章は、ペンと紙を用意して、あなた自身の悪循環を図にしながら読み進むといいでしょう。紹介されているいくつかのアイディアを、自分についてよく考え、低い自己評価が日々の自分にどう影響しているのか、理解を深めるチャンスとして活用してください。

「生きるためのルール」が破られると……

あなたが編み出した「生きるためのルール」と、その具体的な表れである日々の戦術によって、一時的にではあれ、低い自己評価を押さえつけることができます。ただ、それでは、いつまでたっても問題は解決しません。なぜなら、完璧であること、誰からも愛され認められること、あなた自身やあなたの世界を完全に支配することなど、叶えられるはずのない要求をそれは突きつけてくるからです。幸せはほんのいっときです。（一〇〇パーセントの出来にならない、嫌われたり認められなかったりする、自分や自分の世界をコントロールできなくなる、など）ルールが破られそうな状況になると、そのルールがあなたから遠ざけてきた最終結論が、その醜い頭をもたげてくるのです。どこからともなく自己不信が忍び寄ってきて、すべてを覆いはじめます。心もとない思いに取りつかれ、突然あなたは不安になるのです。

いったいどんな状況があなたの最終結論を呼び覚ますのかは、その最終結論がどんなものか、あるいはその対処法としてあなたが編み出したルールがどんなものかによります。たとえば、あなたの最終結論が「人に気に入られない」というもので、したがって人に気に入られるためのルールが設定されているのだとすれば、問題となる状況は、人に気に入られないのではないかと不安になるような状況です。また、最終結論が業績とか成功とか能力に関するもので、したがってルールは、高い基準を設定してそれを達成するためのものだとすれば、あなたを不安におとしいれる状況とは、自分に期待したことが達成できなくなるかもしれない状況でしょう。

第二章で紹介した人たちのことを思い起こしてください。

最終結論を呼び覚ます引き金となる状況

- ブライオニー　ほんとうの（悪い）自分が暴露されるかもしれない、あるいは暴露されてしまったと本人が感じる状況。
- ジェシー　自分で設定した高い基準を満たすことができないかもしれないと不安に思う状況、あるいは批判を受けるような状況。
- カレン　太ったと気づいたとき、あるいは服を買わなければならないのに、人にじろじろ見られるのではないか、自分が目標にしているサイズに体が合わないのではないかと不安になるとき。
- ジェフ　強いエネルギーや感情を（いい感情も含めて）感じたとき。非難のサインを感じ取ったとき。

●アラン（近しい間柄を含めて）相手から攻撃や拒絶を受けそうな状況。
●ケイト　周囲の期待に沿えないとき、または協力を求めなければならないとき。
●サラ　作品を人前に展示するとき。
●クリス　字を書かなければならないとき、とくに人前で書くとき。難題（とくに知的な難題）に直面したとき。
●ジム　まだ精神が不安定で、正常な自分ではないことを示すサインに気づくとき。

こんなふうに、最終結論を呼び覚ましてしまう状況とは、ルールが破られるかもしれない（あるいは破られてしまった）状況です。それは、人間関係が壊れるとか、失業するとか、大病にかかるとか、子供が家出するとかの大事件ということもあるでしょうが、日常、自己不信や不安を引き起こす状況の多くは、もっとずっとスケールの小さいものです。ほとんど気づきもしないような、あるいは「そんな馬鹿な」「まあ落ち着いて」くらいで片づけてしまえるような、ささいな浮き沈みがほとんどなのです。何が自己評価を低くとどめているのかをほんとうに知りたいなら、そういう小さい出来事に気づくことが重要な一歩となります。

まず先週のことを思い出してください。不安になったり落ち着かなかったり、自分に不満だったり、状況に対処する自分の能力に不信を抱いたりした瞬間がありませんでしたか？　こちらの望むように理解されていないのではないかと疑ったり、なんだか役立たずのような気がしたり、人から気になる反応が返ってきたことはありませんでしたか？　物事が自分の手に余るとか、自分の期待したレベルでやれていないような気がしたことはありませんでしたか？　あったら、それをメモしてください。何か決まったパターンがありますか？　あるなら、それはあなた自身の「生きるためのルール」について、どんなことを教えてくれるでしょう。

脅威に対する反応——不安な予測

最終結論がいったん呼び覚まされてしまうと、その引き金となった状況に付随する不安要素が、具体的な悪い予測（起こるかもしれないことへの恐怖）を呼び起こします。その内容は、本人がとくに何を気にしているかによります。

たとえば、人前に立って話をするとします。聴衆を前にスピーチするわけです。職場や教会、子供の学校の集まりなど、慣れた場所でのことだとします。そこで立ち上がってスピーチをすると考えたとき、まずどんな反応が出るでしょう。どんな考えが浮かびますか？　「できない」「笑い物になる」「誰も私の話なんか聴きたくないだろう」「怖くて逃げ出しちゃうかも」……ですか？

あるいは、その場の情景をイメージしますか？　全員が注視するなかで、赤面し、冷や汗をかくあなた。あるいは、みんなが退屈そうないらいらした顔で窓の外を見ている図。あるいは、みんな親切げな顔でこっちを見てはいるけれど、心の奥底ではなんて情けない人なんだと思っている図。人前で話すと考えたときに真っ先に頭に浮かぶのは、起こるかもしれないこと、それも、うまくいかないかもしれないことについての思いです。つまり、あなた自身が描く未来図——あとでわかるように、あなたの感情や言動に強い影響力を持つ否定的な予測、悪い予測なのです。

最終結論を呼び覚ます状況が、その人の最大の関心事が何かによってさまざまであるように、不安な予測も、その人にとって何が最も重要かによって、内容はさまざまです。たとえば、アランがスピーチすることを想像したとき、彼の予測はこういうものでした。自分が口を開く前から人々は私をスピーチには不向きだと思い、こんな人間が聴くに値するようなことを言えるはずがないと一蹴するだろう、と。それに対してケイトがいちばん心配したのは、聴衆の期待を裏切るのではないかということでした。

不安な予測は、放っておくと、感情や言動に強い影響を与え、自己評価を低く抑える作用をします。そのことを、同じくスピーチの例で考えてみましょう。

不安な予測が心理に及ぼす影響

人前でのスピーチの話に戻ります。最悪の事態を想像してみてください。できるだけリアルに不安な予測をしてください。どういう心理状態になりますか？

うまくいかないと予想すれば、ふつうは不安になります。あなたにとっては不安なんて生やさしいものではない。心配でたまらず、神経質になり、緊張し、びくびくし、パニックさえ起こす、ということになります。どれも恐怖の表れだということは、あとでわかります。さて、そんな緊張状態にあるとき、あなたの体にはどんな変化が起きるでしょう。心拍数はどう変わりますか？　鼓動は？　額や掌などに汗をかきますか？　体が震えませんか？　胃のあたりがふわふわするような、またはかき回されるような不快感はありませんか？

これらはすべて体が発する不安のサイン、脅威に対する肉体の自然な反応です。

ただ、自己評価の低い人には、こういう正常な反応も、もっと深刻な意味を持つものに思えるかもしれません。そうなると、さらに不安な予測が生まれます（この「ミニ悪循環」は三七ページの図の下の方に示されています）。口がからからになれば、今度はしゃべれないのではないかと思うでしょう。手が震えたとすれば、あがっているのが聞き手にもわかり、馬鹿にされたり気持ち悪がられたりするのではないかと心配になるかもしれません。不安の徴候に対するこういう反応は、当然不安をますます高め、ストレスを増すことになります。

不安な予測が行動に及ぼす影響

またまたスピーチの話に戻りましょう。

不安な予測から逃避へ

不安な予測を強く信じ込むと、そういう場に身をおくこと自体を避けたいと思うかもしれません。スピーチのお膳立てをした人に電話して、インフルエンザにかかったから出席できないと断わったり、あるいは黙って欠席したりすることになります。

これでは、不安な予測が正しかったのかどうか検証するチャンスがありません。案ずるより産むが易《やす》しで、事実はあなたの予測よりはるかにうまくいったかもしれないのです。でも、逃げていては、それを身をもって知ることはできません。逃げれば一時的には気分がよくなるかもしれませんが、結局、自己評価は低くとどまったままになります。

ここからわかるのは、今の状況を変えたいと思うなら、まずはこれまで避けてきた場面にも近づいてみなければいけないということです。そうでないと、あなたの人生は不安や恐怖によっていつまでも狭められたままで、現実的で肯定的な目で自分を見るために必要な情報を得ることはできないでしょう。

不安な予測から不要な予防策へ

状況から逃げずに、たとえばスピーチをすることに決めても、最悪の予測が的中しないようにあらゆる予防策を講じる場合があります。たとえばケイトは、長い時間をかけて聴衆がどんな話を聴きたいのかを綿密に考え、そのすべてを話に込めなければならないと考えました。話しているあいだは、聞き手が自分の話に不満を抱いているというサインを見逃さないように注意し、しかも笑顔を絶やさないようにしようと考えました。一方ジェシーは、一〇〇パーセント自信にあふれた適任者らしく振る舞うことが重要だと信じ、内容もスタイルも細部に至るまで完璧にするために、何度も何度もリハーサルを重ねることを考えました。質問されて答えられないと困るので、質疑応答の時間がなくなるよう、スピーチで手持ち時間を埋めるようにしようとも考えました。

こういう自己防衛策が問題なのは、事がどんなにうまくいっても、「あと一歩だった」という不満感が残ることです。もし対策を講じなかったら、最悪の事態が起きただろうと思ってしまうのです。ここでも、実際は心配したとおりになったのかどうか、身をもって知るチャンスを逸したことになります。成功したのは（そしてそこからくる自信は）、対策を講じた結果にすぎないという感覚が残るからです。つまり、もっと自分に自信を持ち、満足するためには、いつもは対策を講じる場面でも、素手で立ち向かっていくことが必要だということです。そうして初めて、予防策は必要ない、そんなものがなくても人生に必要なものを手に入れることができる、ということを発見するでしょう。

不安な予測がパフォーマンスを台無しにする

あなたのパフォーマンスは不安のせいでめちゃくちゃになるかもしれません。口ごもったり、メモを持つ手が震えたり、頭が真っ白になったりします。スピーチに馴れた人でもそういうことはあります。もしそうなったら、あなたはどんな反応を示すでしょう。どんなことを考えるでしょう。揺るぎない自己評価を持つ人なら、あがっている徴候が出ても意に介さず、逆に面白がったりして、プレッシャーに対する当然の反応だと見るでしょう。そういう状況であがるのはまったく正常なことで、完璧でないパフォーマンスでも大丈夫、自分の価値を左右するものとは見ないのです。

ところが、自己評価の低い人は、ちょっとした欠陥や不具合が生じても、自分がいつも悩んでいる不甲斐なさや無能の証拠と考えてしまいます。すべて人間としての自分を物語っているのだと。

当然ながら、これもまた自己評価を低く抑える働きをします。でも、人生いつも思いどおりにいくとはかぎりません。自己評価を高めるのに絶対に必要なのは、あなたの弱点や欠点を――うまくできなかったことも失敗も――あなたという人間を糾弾する理由ではなく、ただあなたの一部、人間らしい一面として見るようにすることです。

不安な予測は成功を無視する

ひどく心配していたのに、やってみたら素晴らしい出来だったということがあります。言いたいことを言えたし、みんな関心を持ってくれたようだし、あがっていたけれど手が震えることもなく、興味深い質問も出て、それにうまく答えることもできた。そんなことがあなたに起こったとします。あなたの反応は？　うまくいった、大いに喜んでもいいはずと、自分に満足するでしょうか。それとも、かろうじてうまくはいったけれど、それは聴き手が寛大だったからで、運が味方してくれただけではないかと思うでしょうか。この次はそうはいかないと。

うまくいったときでさえ、低い自己評価はその喜びを半減させるのです。自分に対するいつもの否定的な見方に合致しないものは無視し、割り引きし、撥《は》ねつけようとします。第二章で説明した自分に対する「偏見」が、低い自己評価に反する証拠を撥ねつけてしまうのです。そこで、自己評価を高めるのに絶対必要なのは、あなたの人生でうまくやりおおせたことやいいことを認め、喜ぶことです。その方法は第六章で詳しく説明しましょう。

「最終結論」の確認

不安な状況から逃げるにせよ、不要な予防策を講じるにせよ、また、うまくできなかったことで自分を責めるにせよ、うまくできたのにそれを無視したり否定したりするにせよ、その結果として残るのは、自分に対する否定的な思い込みが確かめられた、立証されたという意識です。自分は正しかった、たしかに役立たずで、無能で、かわいげがなくて……となります。そうした思いは（悲しみとか絶望とかの）感情として出たり、（だるい、胃が重いなど）体調の変化に表れたりもします。どういう形で表れるにせよ、そのいちばんのメッセージは、「自分についていつも思っていたことがまた証明された」ということです。しかも、それだけでは終わりません。

自己批判的考え

自分に対する否定的な見解が立証されたという意識を持つと、今度はわっとばかりに自己批判的な考えがわいてくるということがよくあります。ここで言う「自己批判」というのは、自分の望んだレベルの成果が得られなかったとか、周囲からの否定的な反応に対して、次にきちんとやるために何か建設的なアイディアはないかと考えるような、そういう冷静な観察とは違います。一人の人間としての自分を糾弾《きゅうだん》するということです。コンピュータが故障して、締め切りに間に合わせようと必死でまとめていた重要な書類が消えてしまったとき、ジェシーは自分にこう言いました。「ほら、やっちゃった。お前ってやつはつくづく間抜けだな。なんでそうアホなんだ。何でも台無しにしちゃうんだから。そういう人間なんだよ。どうしてそういつも役立たずなんだ。どうしていつも失敗ばかりするんだ。お前なんて、いるだけ無駄だ」

まったく彼の責任ではないことなのに、ジェシーは自分についての否定的な見解を立証するものととったのです。コンピュータの故障が自分の人格のせいだと考え、だから「これからもずっとこうだ」と、将来にも大きくかかわることに思えたのです。

自己批判的考えの心理的影響

コンピュータが故障したとき、ジェシーは手がけていたプロジェクトを放棄してしまいました。すっかり落ち込み、自分にうんざりしていました。ただもう自分の殻に閉じこもって、傷口をなめていたいと思いました。もう一度やり直すことなどとてもできません。週末は友達と出かける予定でしたが、その気にもなれず、みんなに病気だと嘘をついて、ただ家でごろごろしていました。テレビを観る気にもなれず、空っぽな頭でくよくよ考えるのは将来のこと。事態が変わる見通しもなく、また同じことを始めても意味がないと思いました。

自己批判的考えは気分に影響します。自分に批判的になると、とくにその批判の対象が変えようのない自分の性格の一部だと信じている場合は、抑うつ状態になるでしょう。

気分の落ち込みが一時的なものにせよ、頑固に長引くものにせよ、うつ状態に入ることで悪循環は完成します。いったんうつ状態になると、落ち込んだ理由が何であれ、うつ状態そのもののせいでますます自己批判的考えにのめり込み、暗い悲観的な目で将来を見るようになってしまうのです。こうしてうつ状態が最終結論を呼び覚まし、いつも最悪の事態を予測させます。そう、いつまでも自動的に循環しつづける装置を、あなたは持つことになるのです。あなた自身が止めなければ。

自分の悪循環を図に描く

この章のところどころで、ある状況におちいったとき、あなたならどんな反応を示すかを考えるように言われましたね。まだ考えていないとしたら、今こそ、あなたの悪循環を図に描いて、考えをまとめてみるチャンスです。一つの実例として、次のページの図を見てください。コンピュータの故障後にジェシーが描いた循環図です。

まず初めに、あなたが自分に不安を感じる状況を思い起こしてください。とくに最近の例を。そのときどう感じ、何を考えたかが正確に思い出せるように、まだ記憶に新しいものを選びます。次のページの図の流れに従って、項目ごとの表題を読み、それぞれの表題の下にあなた自身の体験と反応を書き込んでください。輪が完結したら、もう一度、今度は別の状況を選んで、同じことを繰り返してもいいでしょう。そうすることで、不安で自己批判的な考え方のパターンが自己評価を低くしているという事実が、強く実感できます。それが、この悪循環を断ち切るための第一歩です。

図3　低い自己評価を存続させる悪循環——ジェシーの場合

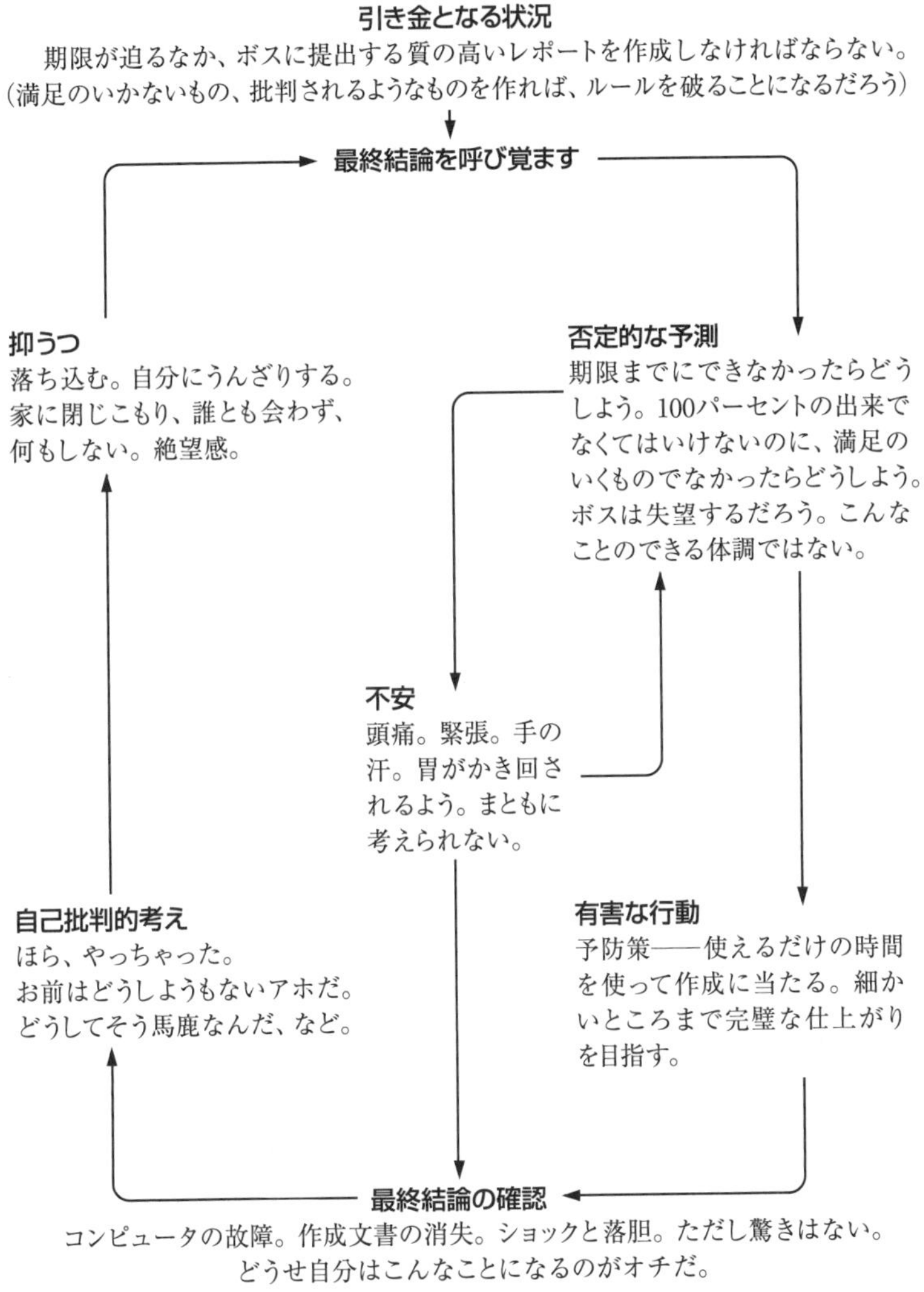
引き金となる状況
期限が迫るなか、ボスに提出する質の高いレポートを作成しなければならない。
(満足のいかないもの、批判されるようなものを作れば、ルールを破ることになるだろう)
最終結論を呼び覚ます
否定的な予測
期限までにできなかったらどうしよう。100パーセントの出来でなくてはいけないのに、満足のいくものでなかったらどうしよう。ボスは失望するだろう。こんなことのできる体調ではない。
不安
頭痛。緊張。手の汗。胃がかき回されるよう。まともに考えられない。
有害な行動
予防策——使えるだけの時間を使って作成に当たる。細かいところまで完璧な仕上がりを目指す。
最終結論の確認
コンピュータの故障。作成文書の消失。ショックと落胆。ただし驚きはない。
どうせ自分はこんなことになるのがオチだ。
自己批判的考え
ほら、やっちゃった。
お前はどうしようもないアホだ。
どうしてそう馬鹿なんだ、など。
抑うつ
落ち込む。自分にうんざりする。家に閉じこもり、誰とも会わず、何もしない。絶望感。

第三章のまとめ

❶ 低い自己評価の核となる「最終結論」は、「生きるためのルール」が破られそうな状況になると呼び覚まされる。いったん呼び覚まされると、それは自己評価を低く抑えている悪循環の引き金をあらたに引いてしまう。

❷ 不確実性と自己不信が否定的な予測をもたらす。最悪の事態を予測し、それを防ぐ手立てはまったく、あるいはほとんどないと決めつける。

❸ 否定的な予測は不安を生み、あらゆる身体症状（脅威に対する正常な身体反応）を誘発する。

❹ しかも行動にも影響し、逃げ出したり、不要な予防策を講じたり、パフォーマンスを台無しにしたりする。たとえうまくいっても、自分に対する偏見のせいで、それを認めたり受け入れたりできない。

❺ その結果、最終結論が立証（確認）されたという意識を持つ。

❻ その意識が自己批判的考えの引き金を引く。

❼ 自己批判的考えは気分の落ち込みを招き、本格的なうつ病へと発展する可能性もある。

❽ 気分の落ち込みは最終結論を呼び覚まし、こうして悪循環の輪が完成する。

【第三部】

「自己評価が低い」ことを乗り越える

第四章◆不安な予測を点検する

はじめに

ある意味で、人はみな科学者と言えるかもしれません。「スイッチを押したら明かりが点《つ》くだろう」「雨のなかで立っていたら濡れるだろう」「飲みすぎたら二日酔いになるだろう」と予測を立て、それにもとづいて行動します。自分の経験から得る情報を使って、予測を確認したり、変更したりします。予測にもとづいて行動するというこの仕組みは、たいていは有効に働きます。

ところが、自己評価が低いと、人は現実的な予測をしたり、偏りのない心でその予測にもとづいて行動することができにくくなります。「うまくこなせないだろう」「みんな私を馬鹿だと思うだろう」などと予測し、それを、正しいかどうかわからない推量ではなく、事実と決めてしまう傾向があります。一歩引いて証拠を客観的に見ることができず、その予測が事実と合わないことを経験が教えてくれていても、素直に受け入れることができないのです。

この章では、あなたの不安な予測とは何かを知り、その妥当性を問い、不要な予防策を講じることなく、いつもは避けるような状況に飛び込んで、身をもってその不安な予測を検証することによって、自己評価を低く抑えている悪循環を断ち切る方法を学びます。

不安をもたらすもの

第二、三章で例にあげた人たちを思い出してください。六四～六五ページには、彼らの最終結論がどういう状況で呼び覚まされるのか、そのリストが載っています。どれも、自己防衛のためのルールが破られるかもしれない状況だということはおわかりでしょう。そしてどれも、疑念や不確定要素を含んでいます。ブライオニーはほんとうの（悪い）自分が暴露されるかもしれないと思っているけれど、確信しているわけではない。ジェシーは高い目標基準を満たせないかもしれないと思っているけれど、絶対に満たせないと思っているわけではない……。

この疑念こそが、不安をもたらす最大の要素になります。疑念が真空状態をつくりだし、人はそこを恐ろしい想像で埋めてしまうのです。心のどこかでは、最悪の事態などそう起こるものではない、万一起こったとしてもなんとか対処できるものだと気づいているのかもしれません。でも、自信がない。不安になればなるほど、自信がなくなってくるのです。

図4　悪循環——不安な予測が自己評価を低く抑えるのに果たす役割

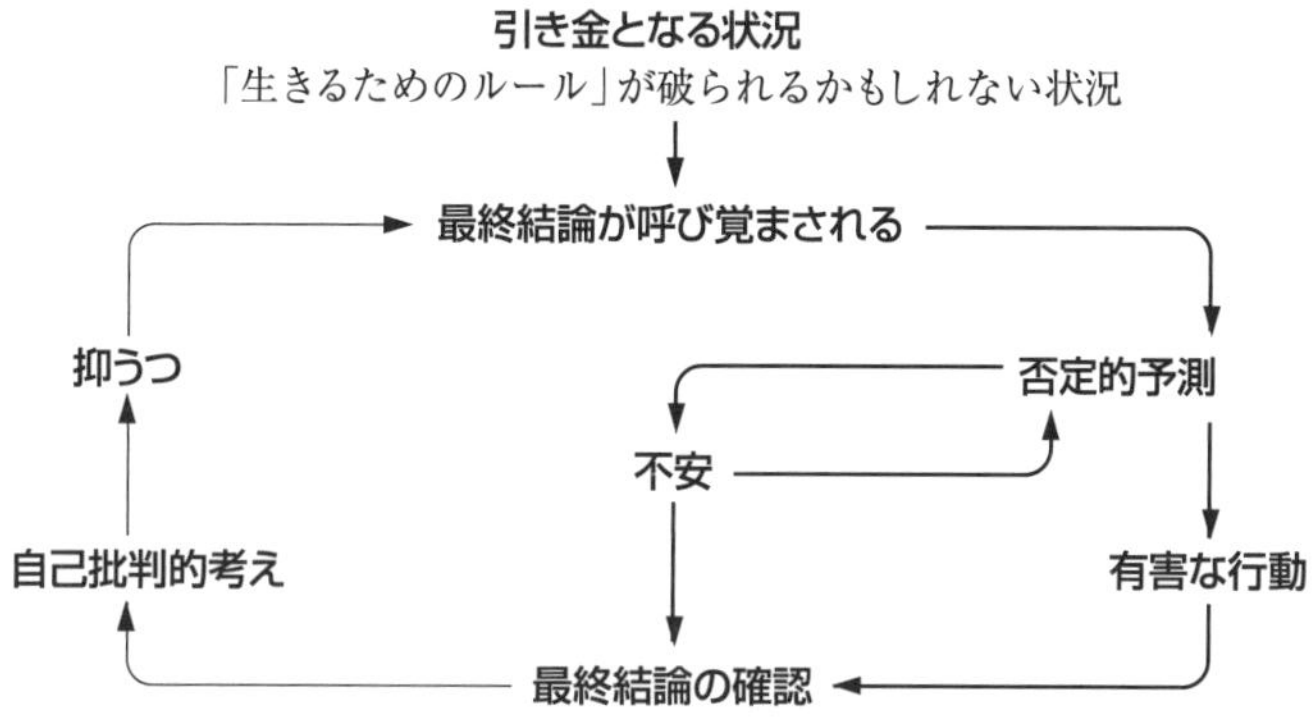

不安な考えはどう働くか

不安な予測は、自分を守るためのルールを破ってしまいそうだという感覚からきます。そこには不確実性や恐怖のなかに入り込んだ「ゆがみ」があります。たとえば……

悪いことが起きる可能性を過大に考える

自分のルールが守れなくなりそうな状況になったと思ったとたん、私たちの心のなかで、何かよくないことが起きる可能性はぐんと高くなります。ケイトを例にとりましょう。ケイトの両親はケイトへの愛情をうまく表現できないのでしたね。彼女の最終結論は「自分は人に愛されない」で、生きるためのルールは「人の期待に沿えなければ受け入れられないだろう、こちらから何か要求すれば失望されるだろう」というものでした。ケイトは美容院で働いていました。昼食のサンドイッチは同僚と交代で買いにいきます。ケイトがその番だったある日、店主が自分の分の代金をケイトに払うのを忘れました。それを払ってほしいとは、ケイトにはとても言えません。そんなことをしたら、店主に嫌われ、みみっちい娘だと思われるにちがいないと考えたのです。もう何カ月も彼の下で働いていて、従業員思いのやさしい店主だと知っていたにもかかわらずです。きっときまり悪げに謝って、すぐ立て替えてもらった代金を払うにちがいない十分な根拠があるのに、ケイトはそうは考えなかったのです。

悪いことが起きたときの深刻な事態を過大に考える

悪いことが起こりそうだ、しかもそれはとてつもなく悪いことだろう……。不安な予測の中心となるのは、考えられるかぎり最悪のことが起き、とてつもない悲劇となるだろうという思いです。

ケイトも、店主は軽く戸惑いながらお金を返し、この出来事はすぐ忘れてしまうだろうとは考えませんでした。代金を請求することで、二人の関係が永久に損なわれてしまうと思い込んだのです。店主はもう以前と同じ目では自分を見ないだろう。ほかの就職口を探すことになるだろうが、店主は推薦状を書いてくれないだろうからそれもむずかしいだろうし、協調性がないという評判がたって、どんな仕事にもつけないかもしれない。そうなったら自活できないから、両親のもとに戻って福祉の世話になるほかなく、ただ途方に暮れることだろう。ケイトの心の目には、そうなっていく自分の姿がはっきりと見えたのです。

サンドイッチ一人分の代金を請求するという、第三者にはごくささいに思えることが、ケイトの心のなかではどんどん悪いほうに転がって、まるで大河小説のようになっていくのがおわかりでしょう。こういう展開こそ、不安な考えの典型なのです。

最悪の事態になったとき、それに対処する自分の能力を過小評価する

不安におちいった人は、最悪の事態になったら、それを防いだりうまく処理したりするために、自分にできることはないと思いがちです。ケイトも例外ではありませんでした。店主が彼女の予測どおりの反応を示しても、自分はお金を返してもらう権利があると主張し、彼に立ち向かうこともできるのに、そんなことは頭に浮かばなかったのです。また、自分の技能や経験を思えば、次の仕事を見つけるのは簡単なはずなのに、それも考えられませんでした。

周囲の人の力を過小評価する

不安な予測をする人は、自分の能力を過小評価するだけでなく、自分以外の人の力も過小評価するきらいがあります。万一店主が理不尽な反応を示せば、同僚や友人や家族が支えてくれるでしょう。ケイトはそれを忘れていたのです。

予防策を講じる――不要な自己防衛

こういう考え方のゆがみがすべていっしょになると、恐れを生み出すための完璧な処方箋ができあがります。自分は危険にさらされているという強い意識が生まれます。失敗する危険、拒絶される危険、コントロールを失う危険、笑い物になる危険。つまりは、生きるためのルールを破ってしまう危険です。そして、自分を守り、最悪の事態を避けるための予防策を講じます。ところがそれは、残念ながら、事態をよくするどころか、不安な予測がほんとうに根拠があったのかどうかを身をもって発見する機会を奪い、したがって、自己評価を低いままに保ってしまう結果となるのです。

不安な予測が現実にならないように予防策を講じてきたとすれば、それをやめないかぎり、不安な予測が実際にゆがめられているのかどうか知ることは不可能です。予防策を講じつづければ、あなたはいつも「かろうじて助かった」という感覚につきまとわれ、あなたの考えがゆがんでいたのかどうかを確かめることはできないのです。

現状を変える第一歩——あなた自身の「不安な予測」と「不要な予防策」に気づく

不安な状況のなかで確かに起こりそうなことを偏りなく予測するための第一歩は、まずあなたが不安になったときどんな予測をするかを認識すること、次に、その予測が現実にならないように予防策を講じていることに気づくことです。不安や心配を感じたとたんにそれに気づくにはどうしたらいいかを知り、そのときあなたの心をよぎるのはどんな思いか、また自己防衛のために何をするかを突きとめることです。これによって現状を変える基礎ができます。

次のページに、不安な予測とそれが現実にならないようにするための手立てを書き込んだ表が載

表2　不安な予測と予防策　記録シート――ケイトの場合	
日　　時	99年2月6日
状　　況 不安を感じはじめたとき何をしていたか。	イアンの昼食用にサンドイッチを買った。 彼が代金を払うのを忘れた。
感情と身体感覚 （不安、パニック、緊張、心拍数など） 強さの度合 （0～100％）	不安 85% 戸惑い 80% 心拍数 90% 汗 70% ほてり 90%
不安な予測 不安を感じはじめたとき何が心をよぎったか （言葉で表される考え、イメージなど）。 それを信じた度合 （0～100％）	もしお金を請求すれば、彼は私をケチだと思うだろう。 90% 私たちの関係にヒビが入り修復できないだろう。 80% 別の仕事を探さなければならないだろう。 70% 別の仕事は見つからないだろう。 70% 文無しで両親と同居しなければならないだろう。 70%
予防策 予測が現実にならないように何をしたか （状況そのものを避ける、安全対策など）。	とにかくイアンを避ける。 もしもお金を請求するとしたら―― ひどく申し訳なさそうな顔をする、まともに彼を見ない、小声で話す、たいしたことではないと言う、できるだけ早くすませ、逃げ出す。

っていますので、これを参考にしてあなた自身の記録を作ってください。

このような記録シートを使えば、項目ごとに見出しがあるので、何を意識すればいいのかわかるし、改善するためにどんなステップを踏めばいいかもわかってきます。ただふつうの日記をつけているだけでは、不安のなかでさまようだけかもしれません。どうしても自己流の日記形式で書きたいなら、少なくともこの記録シートの見出しに沿って考えをまとめてみるといいでしょう。

できることなら、実際に不安を感じたその瞬間に記録してください。不安を感じていないときに不安な予測を突きとめるのはむずかしいからです。たとえ突きとめることができても、状況が違えば馬鹿馬鹿しく感じたり大げさに思えたりするかもしれないし、そのときどれほど不安に思っていたか、その度合もわかりにくくなります。では、記録シートの内容を項目ごとに見ていきましょう。

日　時

いつ不安を感じたかです。日によって、時間によって、特徴的な傾向があるのがわかるかもしれません。たとえば、あなたの生きるためのルールが業績に関係するものなら、不安のピークが職場に着いたときだということに気づくでしょう。人に受け入れられるかどうかを心配しているなら、いちばん不安になるのは、人とつきあうことの多い週末だということを発見するかもしれません。

状　況

不安を感じはじめたときどういう状況だったかということです。あなたは何をしていましたか？

誰といっしょでしたか？　何が起こっていましたか？

感情と身体感覚

不安のレベルが変化するということは、あなたが不安な予測をしているという証拠です。抱いた感情を書き込んでください。心配、恐れ、不安、パニック。そのほかにも、たとえば、プレッシャーを感じる、困惑する、腹が立つ、いらいらする、などです。そして、その強さを〇から一〇〇までの数字で表すこと。一〇〇は考えられるかぎり最大ということで、五〇は中程度、五はかすかに感じるという程度です。ただ感じたことを書き出すだけでなく、その強さの度合まで測るのは、不安な予測を見直す作業に入るときに、ごく小さな感情の変化も見落とさないためです。

また、不安はふつうさまざまな身体の感覚をともないます。私たちがよく使う言い回しにも、そういう例はたくさんあります（「顔が引きつる」「木の葉のように震える」「ぴりぴりする」「顔面蒼白」「吐き気がするほどの……」など）。そのほか次のような反応も出ます。

- 筋肉が緊張する（顎、額、肩、手など）。それぞれ緊張しやすい部位があったりします。
- 心拍数の変化（心拍数が上がったり、動悸が激しくなったり、不整脈になったりする）。
- 呼吸の変化（呼吸を止めていたり、速くなったり不規則になったりする）。
- 精神的変化（集中できない、頭がぼうっとする、混乱して何がなんだかわからない、など）。
- 消化器系統の変化（胃がかき回されるよう、胃けいれん、何度もトイレに行く、など）。

●その他、震え、発汗、虚脱、めまい、失神、麻痺あるいは痙攣、視力の変化（ぼやけて見える、視野狭窄など）。

これらはすべて、実は体に組み込まれた脅威に対する正常な反応なのです。これは実際、役に立つこともあります。たとえばミュージシャンやスポーツ選手などの場合、緊張することで演奏や記録がよくなったりします。不安の身体症状が出るのは、アドレナリンが分泌されている証拠です。これは体に、迫りくる危険に立ち向かっていく、あるいは逃げ出す準備をさせるホルモンです。不安な予測が、非常事態警報が出ていることを体に教えるわけです。ですから、まず、不安に対するあなた独自の身体反応を知っておきましょう。そういう反応がさらに不安な予測を駆り立てるからです。当然、このさらなる予測は不安をいっそう高め、低い自己評価を存続させる「ミニ悪循環」を起こすことになります。

というわけで、あなたの身体反応を書いてください。感情の強さを数字に表したのと同じように、その強さに応じて〇から一〇〇までの数字も書き込みます。身体反応からさらにまた不安な予測が生まれていないか注意し、それも次の欄に書き入れます。

不安な予測

不安を感じる直前にあなたの心をよぎったのはどんな思いですか？　不安が増したときは？　こ

こで言う心をよぎったものとは、うまくいきそうもないこと、あるいはすでにうまくいかなくなっていることについての予測です。心に浮かんだことを、ひと言ひと言そのまま書き出してください。そして、それぞれをどのくらい強く信じたかによって、〇から一〇〇までの数字に表してください。一〇〇パーセントなら、一点の曇りもなく確信したということで、五〇パーセントなら半信半疑。五パーセントならかすかに可能性があるかも、という程度です。一般的には、予測を信じる度合が高くなればなるほど、強く不安を感じることになります。もちろん、逆もまた真なりで、不安になればなるほど、不安な予測を信じ、それに沿った行動をとります。つまり、実際には必要のない自己防衛策を講じることになります。

予測がはっきりした形をとらず、心の目にイメージが映し出されるだけだったりするかもしれません。スナップ写真かストップモーションか、あるいは映画のように次々と場面が流れたりするのです。ケイトが店主の反応とその後の展開を考えたときがそうでした。イメージや想像される場面が実に鮮明で、強い説得力を持つこともあります。起こるかもしれないと恐れていることが、具体的な形となって示されるのです。不安な予測の映像版のようなものです。それをできるだけ正確に書き出し、そこにどんな予測が含まれているかを特定して、それぞれどの程度信じるか、数字で表してください。

やはりはっきりした予測ではなく、「えー、そんな!」とか「またこれだ!」とかの短い言葉となって表れることがあるかもしれません。そんなときは、やはりその言葉を書き出し、どういう意味かを考えてみてください。どんな予測が隠されているか。隠された意味が解明できれば、なぜそんなに不安なのかわかってくるでしょう。起こりうる最悪の事態とは何でしょう? そのあと事態はどういう展開を見せますか? そのあとは? 「またこれだ!」の「これ」とは? 隠された予測を書き出し、それをどのくらい信じているかを書いてください(〇から一〇〇パーセント)。

あるいは、予測が「みんな自分のことを気に入ってくれるだろうか」「もしうまく処理できなかったら?」「全部うまくいかなかったら?」など、疑問の形で表されるかもしれません。たとえば「みんな気に入ってくれるだろうか」という疑問なら、隠された否定的予測とは「みんな自分を気に入ってはくれないだろう」でしょう。これもどの程度信じるか、考えてください。

予防策

何か起こりそうな脅威を感じたときに、それが害を及ぼすことがないように何らかの手立てを講じてしまうのも無理からぬことです。起こりそうに見えて現実には起こらないかもしれませんが、とにかくそのときは実際に起こりそうに思えます。そんなとき、自分を守るためにあなたはどうしますか? 現実に起こるのをくい止めるためにどんな手を使いますか? あなたが講じる予防策を、できるだけ詳しく記録シートに書いてください。

- 全面的な回避(ケイトが数日間店主に何も言わず、彼と二人きりになるのも避けていたように)。
- 恐れている状況に飛び込みはするが、ただし、起こるかもしれない事態から自分を守るための手立てを講じる。

後者を専門用語で「安全確保行動」と言います。自己の安全を保ち、生きるためのルールを破ることがないよう自分を守るためにする行動だからです。全面的な回避、つまり恐れている状況そのものを避ける行動は、比較的自覚しやすいのですが、安全確保行動はそうでもありません。気がつかないこともあるくらいです。注意深く観察することが必要で、その最良の方法は、恐れている状況に飛び込み、そこでどのように自分の安全をはかるのか観察してみることです。想像のなかでこの実験をしてみるのもいいでしょう。ケイトも、初めは店主に近づく気にさえなれませんでしたが、もしも勇気を奮《ふる》ってお金を請求することができたらどう振る舞うかを想像することはできました。相手と目を合わさないように、ひたすら謝り、たいしたことではないけれどと断わって、小声でためらいがちに切り出し、できるだけ速く話し合いをすませる――そういう自分を想像しました。相手にとっていちばん不快でないやり方を考え、店主に話すまでに何度も練習し、ひと言ひと言細かくリハーサルするだろうとも想像しました。

とにかく二、三日から一週間は記録を続け、できるだけたくさんの事例を書き込んでください。それだけでも、あなたが不安を感じる状況や、不安の引き金となる予測や、最悪の事態が発生しないように講じる予防策が、かなりよくわかってくるはずです。これにもとづいて、あなたの不安な予測に疑問を投げかけ、不要な予防策を捨てて、恐れていたことがほんとうに起こるのかどうか身をもって明らかにし、予測の妥当性を検証する作業が始まるのです。

不安な予測を見直す

不安な予測は何の役にも立ちません。予測によって日常生活にうまく対応する準備ができるどころか、いやな気分になり、予防策に無駄なエネルギーを費やし、低い自己評価を存続させる悪循環におちいるだけだからです。ということは、この予測を変えれば、さまざまな利点があるということです。気分はよくなり、自信を持って人生に立ち向かえるようになり、さまざまな経験を楽しめるようになり、ありのままの自分でいる勇気が持てるようになるのです。

不安な予測を見直す主なステップは二つです。まず、不安な予測に疑問を投げかけ、もっと現実的で有益な予測をすること。第二は、恐れている状況を回避するのではなく、そこに飛び込み、なおかつ安全確保行動をやめることによって、その新しい予測を試すこと。恐ろしくてとてもできない、と思うかもしれませんが、新しい予測を発見したおかげで、恐れている状況に飛び込むのもそれほど怖く感じないし、自己防衛策を捨てるのもむずかしくなくなるはずです。これは大事なことです。不安を感じたときに今までどおりの行動をとっていたのでは、発見した新しい見方が不当なものではなく、現実に則したものだという確信は持てませんから。

代替案を見つける

あなたを不安にする状況について、より現実的で役に立つ見方をするための最良の方法は、不安な予測を実際に起こることとして受け入れてしまわずに、距離をおいて疑問視することです。新しい見方を発見し、不安を生み出す「考えのゆがみ」を正すために、次項にまとめた質問集を利用するといいでしょう。不安な予測に代わるものや対処法が見つかったら、そのたびにメモし、どのくらい信じているかを〇から一〇〇パーセントまでの数字で表してください。代替案はそのとき十分信じている必要はありませんが、少なくとも、理論的には正しいだろうと思えるものでなくてはなりません。実際に試してみる機会があれば、信じる度合は高くなるでしょう。

九五ページの「不安な予測の見直し　記録シート——ケイトの場合」を参考にして、あなたの「代わりの予測」を書いておけば、有効に使うことができます。繰り返しますが、ふつうの日記に書くよりこの形式のほうが効果は高いでしょう。系統だったやり方で不安と闘っていけるからです。

不安な予測に代わるものを見つけるための質問集

不安な予測に代わるものを見つけるための質問集

- この予測を裏付ける証拠は何か。
- この予測の反証となるものは何か。
- この予測に代わるどんな見方ができるか。それを裏付ける証拠は何か。
- 起こりうる最悪の事態とは何か。

●起こりうる最良の事態とは何か。
●現実的に考えて、いちばん起こりそうなことはどんなことか。
●最悪の事態になったら、それに対して何ができるか。

予測を裏付ける証拠は何か

何があなたにそんな予測をさせるのでしょう。最悪の事態を考えるのはどんなときですか？　今あなたに破局的なことを予想させるような体験が過去に（ひょっとしたら幼いときに）あったのですか？　それとも、ただなんとなくそう感じるのですか？　それとも、そういう状況ではいつもうまくいかないと思う――つまり習慣ですか？

予測の反証となるものは何か

距離をおいて広い視野で眺めてみましょう。まず今の時点での事実とは何ですか？　それはあなたが予想していることと合いそうですか？　それとも食い違いますか？　あなたの予測が間違っているという証拠を見つけられますか？　あなたの心配が大げさだということを示す証拠で、あなたが今まで目を向けなかったものがありますか？　今まで使っていなかった素質や能力が何かありませんか？　過去あるいは現在の体験から、あなたが心配するほどひどいことにはならないと思わせてくれるようなものがありませんか？

不安な予測をするときは、すぐ最悪の事態を考える（結論を急ぐ）誘惑にかられるものです。と

表3　不安な予測の見直し　記録シート――ケイトの場合	
日　　時	99年2月20日
状　　況	イアンに立て替えたお金を返してほしいと言う。
感情と身体感覚 強さの度合(0〜100%)	不安 95%　困惑 95%　胸がどきどき 95% ほてりと赤面 100%
不安な予測 信じる度合(0〜100%)	彼はどなるだろう。90% 私をケチだと思うだろう。90% 二人の関係にひびが入るだろう。80% 別の仕事を見つけなければならないだろう。80% 仕事は見つからないだろう。70% 無一文で両親と同居するしかないだろう。70%
代わりの予測 「質問集」を使って状況に対するほかの見方を見つける。 信じる度合(0〜100%)	・彼がそんな反応を示すであろう証拠はない。私の知るかぎり彼はそんな人ではない。100% ・ちょっとわずらわしいと思うかもしれないが、すぐ忘れ、2分後には別のことを考えているだろう。95% ・たとえ彼が最初の予測どおりの反応を示したとしても、みんなが私の味方をしてくれるだろう。もし誰かが私と同じような事態に直面したら、私もその人の味方をし、当然お金を返してもらう権利があると思うだろう。100% ・たぶん私にもその権利がある。30% ・たとえ失業しても、別の仕事を見つけられるだけの腕はある美容師だ。60% ・ちっちゃなことを大げさに考えすぎているのかもしれない。50%
実地に試す 1. いつもの予防策をとる代わりに何をしたか。 2. その結果は？	1. 彼に言う。謝ったり「たいしたことではない」と言ったりしない。礼儀正しく、明るく、でも毅然とした態度で。ゆっくり落ち着いて。 2. 彼はすぐお金を払ってくれた！　悪かったと謝ってくれた。忘れていたと。その後、彼がこのことで何か考えたようすはない。思い切ってやれば、どきどきはするけれど、望むものを得ることができると学んだ。

にかく事実にこだわってください。

今の予測に代わるどんな見方ができるか。それを裏付ける証拠は何か

あなたの物の見方が唯一可能な見方だと決めつける罠におちいっていませんか？　一つの出来事でも、受け取り方はたくさんあるものです。たとえば、一つの間違いが、自己評価の低い人には大悲劇や大失敗を示すものと思えるかもしれません。が、ほかの人には、ちょっとした不具合、または正常な人間の不完全さからくる十分理解できる現象、または疲れや一瞬の不注意から出たものでただ訂正すればすむこと、または学習して自分の知識や技能を高める貴重な機会とさえ思えるかもしれません。

今あなたが直面している状況を考えてください。もしもあなたの不安がもっと軽く、もっと自信を持っていれば、あなたの見方はどうなると思いますか？　ほかの人ならどう思うでしょう。友人があなたと同じ心配事を抱えて相談にきたら、あなたは友人に何と言いますか？　事の重大さを大げさに考えすぎていませんか？　物事があなたの望みどおりにいかないと、いつまでも波紋が残ると決めつけていませんか？　このことを一週間後にはどう見ていると思いますか？　一カ月後は？　一年後は？　十年後、誰かこのことを覚えていると思いますか？　あなたは？　覚えているとして、同じように感じるでしょうか。おそらく違うでしょう。

新しい見方を書き、それを裏付ける証拠と反証を検討してください。ただしそれは、少なくともある程度現実に則したものでなければなりません。

起こりうる最悪の事態とは何か

この質問は、とくに不安な予測に取り組むときの役に立ちます。あなたが予測する「最悪」の事態を明確にすることによって、はっきりと全体像がつかめ、さまざまに役立てることができます。その最悪の事態を文字にすれば、とたんにあなたの心配はとんでもなく誇張されたものであることがわかるかもしれません。たとえばケイトの場合、彼女の心の目には、店の真ん中で店主が激怒し、「クビだ！」とどなる姿が映りました。が、現実には、店主が彼女の切り出した話をどう感じようと、客や従業員の前で、そんな経営者にあるまじき振る舞いに出るなどありえない話です。

あなたが恐れていることがほんとうに起こる可能性をより現実的に判断できるような、あらゆる情報を探してください。起こる可能性は、ゼロではなくても、あなたが予測しているよりずっと低いかもしれません。

起こりうる最良の事態とは何か

最悪の事態は否定的・悲観的でしたが、今度はそれと同じくらい肯定的・楽観的な答えを考えてください。ついでながら、最良の事態は、最悪の事態を信じるほどには信じないものだと気づくかもしれません。なぜでしょう。あなたの考えがどこかゆがんでいるからでしょうか。

ケイトは想像してみました。彼女がきちんと自分を主張できたことを、店主がみんなの前で祝福し、急いで花とチョコレートを買ってきて、昇給と昇進を申し出るという場面です。こんなありそうもない事態を考えたことで、逆に自分の心配がいかに大げさだったかがわかったのです。

現実的に考えて、いちばん起こりそうなことはどんなことか

あなたが書き出した最良の事態と最悪の事態を見てください。現実的に考えれば、いちばん起こりそうなのは、その中間でしょう。具体的にはどんなことでしょう。

最悪の事態になったら、それに対して何ができるか

最悪の事態とは何かがわかったのですから、それに対処する最良の方法も考えられるはずです。対処法さえわかれば、あとは簡単です。思い出してください。不安な予測では、困難な状況で発揮できるはずの能力を過小評価するのでしたね。たとえ恐れている事態が起こる可能性が高いとしても、実際にはあなたが思い込んでいるよりうまく対処できるかもしれないし、それを助けてくれる能力が（ほかの人の善意や力も含めて）あるかもしれないのです。次のことを考えてください。

- 最悪の事態になったとき、それに対処するのに役立つどんな長所や技能を自分は持っているか。
- 今と同じような不安な状況をうまく処理できた経験が過去にあるか。
- ほかの人からどんな援助、助言、支援が得られるか。
- これから起こることの全容をつかみ、その状況にうまく対処するためにどんな情報が得られるか。誰に訊けるか。ほかにどんな情報源を持っているか（本、メディア、インターネットなど）。

●状況そのものを変えるために何ができるか。あなたを不安にする状況に不満なところがあるとすれば、それをどう変えればいいのか。誰かがあなたに理不尽な期待をしているとすれば、それを変えなければいけないし、あなたがもっと努力してみる、あるいは人からもっと力を貸してもらえるようにする必要があるだろう。そういう変える努力は、さらなる否定的予測（「でも、みんなに怒られるかもしれない」）や自己批判的考え（「でも、そんなことは自分でやらなければ」）に阻まれるかもしれない。そのときは、その否定的予測や自己批判的考えを書き出し、それに代わるものを見つけること。この否定的予測にもまた疑問を投げかけ、検証してみること。たとえ状況を変えることができなくても、あるいは状況がかならずしも問題の原因ではなくても、その状況への考え方や感じ方を変えることはできるはずだ。

実験――新しい見方を実地に試す

不安な予測に代わるものを見つけると、それだけで効果があることもしばしばです。ただし、現実は思ったほど悪くはないと確信できるためには、疑問を呈するだけでは不十分でしょう。体験して実態を知るために、行動もまた変える必要があるのです。思い切って積極的に人とかかわってみる、あるいは以前なら避けたであろう難題やチャンスからも逃げずに向き合うなど、新しいやり方を試すことで、これまでの予測に反し、新しい見方に合致するような体験を積み重ねていくことができるのです。

こういう、いわば実験をすることで、新しい見方がじかに試されます。解決策を現実に則して微調整することができ、今までの考え方を捨てて、新しい見方を強化するチャンスともなります。それはまた、あなたが考え出した新しい見方が事実と合致し、したがって役立ってくれるのか、あるいは考え直さなければならないのかを、自分で見分けるチャンスでもあります。ただそれは、あなたが今まで避けてきた状況に思い切って飛び込み、身の安全をはかるためにとってきた予防策を捨てて、初めて成り立つ話です。試してみなければ、新しい考えもただの理論。実地にやってみて初めて、何が真実か、身に沁みてわかるのです。実験というアイディアは、これからも繰り返し出てきます。

実験をどう進めるか

これは、（たとえば、毎日一つの実験を設定し実行するなど）細かい計画にもとづいて進めることもできるし、また、計画できない状況（たとえば、ふいの電話や招待など）を利用していつもと違った行動をとる練習をし、その結果を観察することもできます。

これは次のような段階を踏んでいきます。

1 予測はごく具体的に

起こるかもしれないと恐れていることを、きわめて明確かつ率直に書くこと（不安な予測の洗い出し方はもうわかっていますね）。予測が具体的であればあるほど、それを試す実験も効果があがります。予測があいまいだと、それが現実になったのかどうか判定しにくくなります。とにかく正確に、起こると思うことや、もし関係があればあなたやほかの人たちの反応の予測も書き出し、それぞれの予測をどれくらい強く信じるか、その度合（〇から一〇〇パーセント）も書いてください。多くの人が驚くのが、たとえば不安におちいるという予測なら、結果は、たしかに不安におちいっても、自分が思っていたほどではなかったということです。恐れている状況に飛び込むという最初のハードルを越えてしまうと、とくにそう感じます。そのとき、強さの度合を数字で表しておけば、それがほんとうかどうか、はっきりわかるわけです。

2　予防策をやめて、何をするか

記録をつけていくうちに、あなたが自分の安全を守るためにいつもどんな予防策を講じているのかがわかってくるでしょう。その予防策をとりつづけると、あなたの予測が正しかったのかどうかを知ることはできません。たとえ結果がよかったとしても、「あと一歩だったのに」と不満が残るでしょう。まず、自分を守るためにしたくなることを、どんなに小さいことでもすべて思い浮かべてください。次に、それらを捨てて、どうするかを考えてください。たとえば、いつもなら、人と話すとき相手と目を合わさず、退屈な人間だと思われないようできるだけ自分のことは話さないとすれば、今度は、相手の目を見て、相手が自分のことを話すのと同じくらいあなたも自分のことを話すことにします。能力不足だと思われるのが怖くてどんな質問にも答え、絶対に知らないとは言わないのが職場でのあなたのスタイルなら、「知りません」「それについては何も言えません」と言ってみる手もあります。感情を表に出すとコントロールできなくなるのではないかと不安で、感情を隠すのがいつものあなたのパターンならば、信頼できる相手には、迷惑だ、困るという気持ちをもう少し出してみます。

3　実地に試してみた結果は？

実験を最大限に活用するには、かならず結果を観察し、次のようなことを自問してみなければなりません。どんなことを学習したか。いつもと違う行動をとって、気分に何か変化はあったか。実際に起こったことはどの程度これまでの予測に合致していたか。これまでの予測に代わる新しい見方にはどの程度合致していたか。実際に起こったことは、自分自身についての否定的な見方についてどんなことを示唆しているか。自分自身への否定的な見方と合っているか。それとも、もっと肯定的に見てもいいと教えているか。

実験の結果は、大きく二つに分かれるでしょう（どちらも、何があなたの自己評価を低く抑えているのかを教えてくれる情報源となります）。一つは、試してみた結果、不安な予測が間違っていたことがわかり、新しく発見したもののほうがより現実的で役に立った、つまりずっとよかった場合。もう一つは、不安な予測が的中した場合です。でも、がっかりしないでください。これも貴重な情報です。どうして不安な予測が的中したのか。原因はあなた自身にあるのか、あるいはほかの要素なのか。ほかの要素だとすれば、それは何か。あなたに何らかの責任があるとしたら、次は別の結果が得られるような別の対処のし方があるのか。あなたはたしかに安全確保行動をすべて捨てたのか。そういうことをよく考えます。

あくまでも正直に。起こったことを振り返って、自分のことを注意深く観察してください。まだ何か予防策を講じていたとすれば、もしそれを捨てていたら、どうなっていたと思いますか？　どうしたらその結果を突きとめることができますか？　あなたの行動に、まだどんな変更を加えることが必要なのでしょう。次の機会に、かならず安全確保行動を全部捨て去るにはどうしたらいいのでしょう。

結果を詳細に検討したあとは、先に説明した1と2のステップを踏んで、次はどんなことを試してみるべきかを考えます。学習したことを別の状況にどう応用したらいいのか。次の行動としては、どんなことをすればいいのか。同じことを何度も試して、結果に変わりのないことを確認すべきなのか。それとも、もっとむずかしい状況のなかで試していったほうがいいのか。

実地に試した結果がどう出ようと、試したこと自体は祝福すべきです。難題に立ち向かい、努力の要《い》ることに挑戦した自分を褒めてやることは、自分自身を受け入れ、自分自身に価値をおくようになること——自己評価を高めることそのものです。

一つの例——ケイト買い物にいく

ケイトは新しい洗濯機を買うことにしました。美容院の店主に立て替えたお金を返してくれるように頼んでみたら、この実験は成功して、彼女の予測は間違っていたことがわかりました。それでも、要求すべきことをきちんと要求する自分の能力を、ケイトはまだ疑っていました。今回の彼女の予測はこうです。「どの洗濯機を選べばいいか長々と質問をしても、細かいところが呑み込めず、店員はいらだって、自分を軽く見るだろう。ぶっきらぼうな物言いをして、別の客のほうへ行ってしまい、ほかの店員たちにしかめっ面をしてみせるだろう」。そんなときいつもケイトがとる自己防衛策は、わかったふりをして、一台か二台見るだけで、店員の時間をとってしまったことを大仰に詫びるというものでした。

そこでケイトは、商品についての理解が深まるまで十分質問をし、予算の範囲内の機種をすべて見て、明るく率直な態度を崩さず、詫びたりはしないと心に決めました。予測についてもその後考え直し、恐れたような反応が返ってくる可能性は低いという結論に至りました。

ところががっかりしたことに、最初に入った店で、店員はほぼ彼女が予測したとおりの行動をとったのです。横柄な態度で、始終ほかの客に話しかけ、ケイトが洗濯機を買おうが買うまいがどちらでもいいような感じでした。幸い、その夜、友達にこのことを話す機会があり、友達も同じ店でほとんど同じ体験をしたと聞かされ、もっとサービスのいい店を当たってみるよう勧められました。おかげで、これまでの予測が正しかったのだと決めつけずに、もう一度挑戦する気力を取り戻しました。

この戦略は何の問題もなく実行できることがわかりました。たくさん質問をし、店員に何度も同じことを答えてもらい、ありとあらゆる機種を見せてもらって、結局何も買わなかったのです。店員は丁寧に応対し、訊きたいことがあったら電話してほしいと言って、名刺を渡してくれました。ほかの店でも同じことを試してみましたが、結果は同じでした。ケイトの結論はこうです。「私には自分のお金を使うかどうかを決断するために必要なだけ時間をかける権利がある。質問をして、わからないことはわからないと言っていいのだ。知りたいことを知るのに、ほかにどんな方法があるだろう。相手が不親切な態度をとるなら、それは相手の問題であって、私の落ち度ではない」

第四章のまとめ

❶ 「生きるためのルール」が破られるかもしれない状況では、最終結論が呼び覚まされ、うまくいかないかもしれないという予測の引き金が引かれる。

❷ うまくいかないかもしれないという予測は考え方のゆがみによって色づけされ、うまくいかない可能性を過大評価させるし、うまくいかなかった場合の深刻な事態をも過大評価させ、状況に対処する力となるべき自分や周囲の能力を過小評価させる。

❸ 不安な予測が現実とならないように、人は予防策を講じる。だが、実際は予防策は不要であり、予測が正しいかどうかを見極めるチャンスを失ってしまうことになる。

❹ 悪循環を断ち切り、不安な予測と対決するためにまず必要なのは、その予測が思い浮かんだらすぐにその正体を見極め、感情や体調への影響を観察し、予測が導く不要な予防策を知ることである。

❺ 次には、予測に疑問を呈し、予測に有利な証拠と不利な証拠を調べ、それに代わるもっと現実的な見方を探すこと。

❻ 最後は、いつもなら回避する状況と向き合い、勇気を持って不要な予防策を捨て、いわば実験の場をつくること。こうして実際に試すことによって、不安な予測やそれに代わる新しい前向きな見方がどのくらい正確なものか、直接の証拠を得ることである。

第五章◆自己批判と闘う

はじめに

自己評価が低いと、何かをして自分についての否定的見解（最終結論）が確認されたと感じたとたん、自己批判的な考えがわいてきます。これが罪悪感や恥辱感や抑うつ感などを引き起こし、したがって最終結論を呼び覚まして、自己評価を低く抑える原因となります。

自己批判の影響

自己評価の低い人は自分に厳しいものです。自己批判が、多かれ少なかれ生き方そのものになっているのかもしれません。事がうまくいかないと、自分を叱りつけ、もっとうまくやらなくてはいけないと、落ち込みます。どんな小さな弱点や間違いも見逃しません。ふつうの人間ならあるのが当然の弱さや間違いとは思わず、自分の欠陥や失敗を証明するものであり、劣っているサインだと思うのです。あらゆることで自己批判し、批判ばかりしていることまで自己批判したりします。

自己評価の低い人は、自分に何か困ったこと、うまくいかないことがあると、それをもとに自分の全人格を判定します。否定的ではない面はまったく無視してしまいます。最終結論は、バランスを欠いた、ゆがんだものとなります。そして、このゆがみが自己批判的考えに表れるのです。

自己批判的考えは（悲しみ、失望、怒り、罪悪感などの）つらい感情を引き起こし、低い自己評価を維持させます。ジムの場合を例にとりましょう。歩道から飛び出してきた女性を轢き殺してしまった人です。事故後数カ月苦しんだあと、かなり回復した時期がありました。事故の模様を頭のなかで繰り返すことも少なくなり、状況も整理でき、いつもの自分らしくなってきました。

ところがある日、学校に通う娘の帰宅がひどく遅くなりました。ジムは恐怖に襲われます。きっと恐ろしいことが起こったにちがいない、と。実は娘が友達の家に行く予定だったことをジムは忘れていたのです。帰ってきた娘を彼は叱りつけ、あとになってひどく自分を恥じます。「なんということをしたのだろう。やっぱり自分はだめな人間なんだ。どうしようもない」。

ちょっと実験をしてみましょう。次の言葉を、一語一語心にしみ込ませるようにゆっくりと読んでください。それがあなたに当てはまると想像し、あなたの自信や気分にどう影響するかを観察してみてください。

役に立たない　　魅力がない　　無能である
弱い　　好かれない　　醜い
情けない　　望まれない　　愚かである
価値がない　　劣っている　　未熟である

自己批判的な考え方は、自分に対して持っている肯定的な思いを弱め、気分を落ち込ませます。このリストのなかのどれかが、もうすでにあなたの自己批判的考えのなかにあるかもしれませんね。その言葉の横に線を引いてください。また、自分を批判するとき、ほかに自分を表現する言葉があるなら、それを書いてください。あなたが用心しなければならないのは、そういう言葉です。

この章は、あなたが自分を批判しはじめたときにその事態に気づき、自己批判があなたの感情や日常のさまざまな状況への対処にどう影響するかを注意深く観察して、それによって自分を受け入れるバランスのとれた見方をつくっていくように導く章です。その前に、これから取り組むことになる悪循環を描いた図（八一ページ）を今一度見てみましょう。

自己批判はなぜプラスではなくマイナスに働くか

多くの文化圏で、自己批判はいいこと、役に立つもの、とされています。「鞭を惜しんで子供をだめにする（かわいい子には旅をさせろ）」ということわざにもあるとおり、矯正と罰によって人は成長するものだという考え方です。また、自分に高い評価を与えるのは、うぬぼれや傲慢につながると心配する人がいます（これについては第六章で考えることにします）。子供たちは、長所に注目されたり成功を褒められたりするよりは、欠点を強調されながら、行儀をなおされ、一生懸命努力するように教えられます。親や教師は、子供たちがよいことを積み重ねていくのを助けるより、悪いことをしたと指摘するのに熱心です。これでは、自己批判だけが唯一正しく生きる道だという認識を植えつけかねません。自己批判をやめれば、たちまち鼻持ちならないわがまま勝手な人間になり下がり、価値あることを成し遂げることなど絶対にできない、というわけです。

したがって、自己批判的な考え方は幼いころに習得されることが多くなります。習慣となり、本人さえ気づかない一種の条件反射になるかもしれません。あるいは、有益で建設的なもの——自己改善への王道だと思うかもしれません。でも、この考え方は細かく検討する必要があります。そうすれば、自己批判には重大なマイナス面がたくさんあることがわかってくるはずです。

自己批判はあなたをすくませ、自分はだめだと思わせる

あなたの知っている自信満々の人を思い浮かべてください。その人のあとをついて回り、ささいな失敗をいちいちあげつらい、行動はすべて大変立派だが、もっとよく（速く、うまく）できたはずだと言い、罵倒し、うまくいったことや成功したこと、達成したことはすべて無視または割り引いて考えろと命じる、そんな情景を想像してください。毎日、毎週そうやっていくうちに、この絶え間なく続く批判はどんな影響を及ぼすと思いますか？　その人はどう感じるでしょう。その人の

さまざまな処理能力や、人生で成功する自信に、どう影響するでしょう。決断力や指導力にはどう影響するでしょう。生きやすくなるでしょうか、それとも生きにくくなるでしょうか。あなたは友達にそんなことをしようと思いますか？　思わないとしたら、なぜですか？

もしあなたが習慣的に自己批判をする人だとすれば、あなたはあなた自身に対してこれと同じことをしているのです。たぶん自分でもそうと気づかずに。自己批判的考えとは、肩にとまったオウムのようなもので、絶えず耳元でキーキーと非難の言葉をわめきつづけます。どんなにやる気をくじき、意気消沈させ、改善と成長に向けた努力を台無しにするものか、考えてみてください。

自己批判は不公平である

自己批判するということは、どんなささいな間違いや失敗や判断ミスにも、まるでそれが自分のすべてを物語るかのように反応するということです。人間として劣っている、情けない、愚かだと自分に言うのです。これが公平と言えるでしょうか。

あなたという人間は無数の行動と感情と思考でできていて、なかにはいいものもあれば、悪いものもあり、どちらでもないものもあるのです。たった一つ間違いを見つけたり、後悔することが起きただけで、人間としての自分を非難するのは、自分の否定的な側面だけを取り上げ、ゆがんだ証拠をもとにして、あなたという人間全体について判定を下してしまうということです。現実を見てください。弱点や欠点があるのはほかの人もみな同じだと認め、あなたの才能や長所を褒めてあげてください。

自己批判は学習を妨げる

自己批判は自信を失わせ、気分を滅入らせ、やる気をなくさせ、自分をいやな人間だと思わせます。問題を克服する助けになるどころか、自分自身や自分の人生について的確に理解することを妨げ、ほんとうに変えたいと思うところを変えることもできなくなります。一般的に言って、人は失敗を批判され罰せられるよりも、成功が報われ、褒められ、励まされるほうが、より多くを学ぶものです。うまくいかないことにばかり目を向けていると、うまくいったことから学んだり、それを繰り返したりするチャンスを逃してしまいます。一つ間違うたびに自分をだめな人間だと思っていたら、その間違いから学んだり、変えたいと思う面について前向きに努力するチャンスを失ってしまうでしょう。

自己批判的考えにどう対処するか

自己批判的考えがいかに有害かがわかったところで、次はそれにどう対処したらいいか、です。対処法は、不安な予測に疑問を投げかけ、検証したやり方（第四章参照）とよく似ています。

- 自己批判的考えに気づく。
- 自己批判的考えに疑問を呈する。

●もっと肯定的に自分を見る実験をする。

自己批判的考えに気づく

自己批判的考えに気づくのは、かならずしも言うほど簡単なことではありません。とくに、長いあいだ低い自己評価しか持たなかった場合は、自己批判が本人も自覚しない習慣になっていて、自分について考えるときの固定パターンになってしまっているからです。そこでまず第一歩は、自分をだめだと思ったときにそれと気づくようになること。そして、それが自分の気分や日常の生活にどう影響するかを観察することです。

自己批判的になると、感情に影響が出ます。感情の変化が、自己批判的考えにおちいっている最大の証拠となることも多いのです。それはたぶんこんな感情でしょう。

罪悪感	恥辱感
悲しい	きまり悪い
自分に対する失望	自分に対する怒り
いらいらする	落ち込む
どうしようもない	希望がない

第四章の不安な予測のところで覚えたように、自己批判的な考え方の習慣を変えるための第一歩は、それが起こったときに気づくようになることです。自己批判にともなう感情に押し流されることなく、それを行動を起こすきっかけとして利用することです。次のページの「自己批判的考えを見分ける　記録シート」を参考にしてください。

何日かすると、自分の感情の変化や、自己批判的考えに敏感になってきます。そういう考えは一つの意見、または今までの習慣であって、あなたという人物のほんとうの姿を映すものではないということを心に留めてください。そうすることによって、自己批判的考えに疑問を呈する本格的な作業を始める前から、すでにそれらの考えから距離をおくことができるようになります。

「自己批判的考えを見分ける　記録シート」の使い方

この記録シートは、自己批判的考えに疑問を呈し、それに代わるもっと役に立つ現実的な見方を探すための第一歩として、まずはその自己批判的考えを見分けることができるように、自覚を促す仕組みになっています。

不安な予測の場合と同じで、項目ごとに見出しのついた記録シートのほうが、ふつうの日記形式より便利でしょう。書いているうちに途方に暮れたり動揺したりということがなく、自分が何をしているかを明確につかむことができます。自己批判と向き合おうとしている今、これはとくに大事なことです。自己批判的考えは最終結論がそのまま反映されたようなものが多く、したがって、強

表4　自己批判的考えを見分ける　記録シート――ジムの場合	
日　　時	*99年3月5日*
状　　況 自分をだめな人間と思いはじめたとき、何をしていたか。	*ケリーの帰りが遅かったので、かっとなった。ケリーがジャンの家に行くことになっていたのを、すっかり忘れていた。*
感情と身体感覚 （悲しみ、怒り、罪悪感など） 強さの度合 （0～100％）	*罪悪感　80%* *自分にうんざり　100%* *どうしようもない　95%*
自己批判的考え 自分をだめな人間だと思いはじめたとき、どんな思いが心をよぎったか （言葉で表現された考え、イメージ、意味など）。 信じた度合 （0～100％）	*やっぱりそうだ――キレてしまった。100%* *自分はまともじゃない。95%* *落ち着かなくては。100%* *情けない。100%* *自分はどうしちゃったんだろう。もう二度ともとの自分には戻れそうにない。95%*
自滅的行動 自己批判的考えの結果として、何をしたか。	*家を飛び出してパブに行った。* *遅く帰ってから地下室に一人閉じこもってテレビを観た。* *誰とも話さなかった。*

い説得力を持つように思えるからです。

自己批判的考えが自覚できるようになる最良の方法は、それが頭に浮かんだとき、すぐに書き留めることです。記録シートの項目ごとの見出しが「不安な予測と予防策　記録シート」(八五ページ)の見出しとそっくりなのがわかるでしょう。書き方を説明しましょう。

日　時

いつ自分をだめな人間だと感じましたか?　この情報は時間に関連したパターンを見つけるのに使います。

状　況

自分をだめだと思いはじめた瞬間、どこで、誰と、何をしていましたか?　それらを簡潔にまとめること(たとえば「女の子をダンスに誘った——断られた」「ボスにレポートを書き直すように言われた」など)。特別なことをしていたわけではないかもしれないし(「洗濯をしていた」「テレビを観ていた」など)、自己批判的考えを引き出したのが、そのとき起こっていたことではなく、何となく考えていたことかもしれません。そんなときは、あなたの心を占めていた関心事を書いてください(たとえば、「前夫が子供たちを週末に連れ出すこと」「学校でいじめられた思い出」など)。正確に何を考えていたかは、「自己批判的考え」の欄に書きます。

感情と身体感覚

主に抱いた感情（たとえば悲しみ）は一つだけかもしれません。あるいは、いくつか混ざったもの（悲しみと罪悪感と怒り、など）かもしれません。また、不安になったときと同じように、（虚脱感、胃がかき回されるような感じ、肩が重い、など）体調の変化が起こるかもしれません。その一つ一つを書いて、その強さを〇から一〇〇までの数字に表してください。五ならかすかに感じる程度、五〇なら中程度、一〇〇は最強ということで、一〇〇までならどんな数字でもかまいません。

自己批判的考え

自分をだめな人間だと思いはじめたとき、あなたの心をよぎったものは何ですか？　不安になったときと同じで、考えが言葉として表現される場合もあります。それをできるだけ詳しく、言葉どおりに書いてください。一方、心の目に映ったイメージという形をとる場合もあるでしょう。たとえば、子供のころエネルギーと好奇心がありあまって問題を起こしていたジェフには、父親の怒った怖い顔が浮かんできました。あなたが見たとおりのイメージを簡潔に描いてください。できれば、そのイメージが伝えるメッセージも書くこと（ジェフの受け取ったメッセージは「自分はまたいけないことをしてしまった」でした）。

心が動揺しているのに、それがどんな考えやイメージの表れなのか判然としない場合もあるかもしれません。そんなときは、そのときの状況にどんな意味があるかを考えてみてください。あなたについてどんなことを語っているか、どんな人がそういう状況におちいったり、そんな行動をとったりするか、あなたに対するほかの人の評価にそれはどういう意味を持つか、あなたの将来についてそれは何を物語るか、など。そう考えるうちに、なぜその状況があなたを動揺させるのか、手がかりがつかめるかもしれません。たとえば口論があったとすれば、相手はあなたが好きではないということなのかもしれません。友人から新しい恋愛について聞かされたとすれば、ちゃんとした人は愛されるのに、自分は愛してくれる相手が見つからないだろう、というのがあなたにとっての意味だったのかもしれません。自分はだめだと思いはじめたときの状況を考え、その意味を探って、見つけた答えを書いてください。言葉で表された考えと同じで、イメージや状況の意味に疑問を呈して、代わりのものを見つけることができるでしょう。

不安な予測のときと同じように、それぞれの考えやイメージや意味を、信じた度合に応じてパーセンテージで表してください。

自滅的行動

自己批判的考えは、感情だけでなく行動にも影響します。それがあなたのためにならない行動につながり、結局はあなたの自己評価を低く抑えることにもなります。自己批判的考えの結果として、あなたがしたこと、あるいはしなかったことを書いてください。謝った、自分の殻に閉じこもった、必要なものを要求しなかった、いつもなら挑戦したかもしれないチャンスから逃げた、などです。

「自己批判的考えを見分ける　記録シート」を活用する

なぜわざわざ書くのか

自己批判的考えを持ったときに起こることを、なぜ頭のなかにメモするだけではだめなのでしょう。認知療法士クリスティン・パデスキーはこう言っています。「書かないことは、なかったこと」と。書けば、考えたり反省したりする具体的な対象ができるわけで、忘れにくくなります。繰り返しのパターンにも気づくし、自己批判的考えがさまざまな状況における行動にどう影響するかを考察することもできます。自己批判的になったときに、自分に対して正確にどんな言葉を投げつけているかにも、気づくようになります。

また、考えたことを書くことで、その考えに距離をおけるようにもなります。頭のなかの考えはあなたの一部であって、その真偽を問うことはむずかしいけれど、書くことはいわばそれを頭から取り出すことであって、紙の上においてみると、距離をおいて観察することができ、違った見方をすることができるようになります。

記録をつける期間は？　記録する自己批判的考えはいくつ？

期間は、自己批判的考えに気づき、それが心理状態や行動に及ぼす影響がしっかり理解できるまでです。初めは一日に一つか二つ、典型的な例を書くようにしてください。自己批判的な考えに気づき、その影響の観察もかなり自動的にできるようになったと感じたら、その考えに代わるものを見つける段階に入ります。

いつ記録すればいいか

不安な予測のときと同じように、自己批判的考えが浮かんだらすぐに書くのが理想です。つまり、数日はこのシートを持ち歩くということです。あとになると正確に思い出せない場合があるからです。そうなると、自己批判的考えに疑問を呈し、代わりのものを探すのがむずかしくなります。

もちろん、会議中や、パーティの最中、赤ん坊のおむつを交換しているとき、車で交通量の多い道を走っているときなど、すぐには記録できないこともあるでしょう。そんなときは、少なくとも頭のなかにメモするなり、あるいは封筒の裏、日記、買い物リストなど手元にある紙切れにメモするなりしてください。ただし、あとできちんと時間をとって、正式な記録を作ること。頭のなかでその場面を再生し、どこで何をしていたか、そのとき何が心をよぎったか、その考えに反応してどんな行動をとったかを、できるだけ鮮明に思い出すことです。

自己批判的考えに疑問を呈する

自己批判的考えを自覚するのは、現実を映し出すものとしてそれを受け入れるのが目的ではなく、疑問を呈するための第一歩です。疑問を呈する方法は、不安な予測の点検について学んだときに、すでに実習ずみです（九三～九四ページの質問集を思い出してください）。

一二三ページにあるのは「自己批判的考えと闘う　記録シート」の記入例です。最初の四つの欄は「自己批判的考えを見分ける　記録シート」と同じです（日時、状況、感情と身体感覚、自己批判的考え）。ただし、今度のはその先があって、「代わりの見方」が自己批判的考えや感情に及ぼす影響を評価するようになっています。最後に、それがどれほど役に立つかテストをするための行動計画を立てます。

自己批判的考えに代わる見方

何もないところから代わりの見方をひねり出すということではありません。一二六～一二七ページにまとめられた質問集を使えば、代わりの見方を考え出し、自己批判的考えを新しい角度から見ることができます。これも、それぞれ信じた度合を数字にしてください。

結　果

「感情と身体感覚」の欄を見てください。今はどう感じますか？　改めてそれぞれの強さの度合を書いてみてください。次に「自己批判的考え」を見てください。代わりの見方を手にした今、それらをどのくらい信じますか？　代わりの見方に効果があるなら、自己批判的考えを信じる度合も、それにともなうつらい感情も、少しは下がっているはずです。

何ができるか

ここでまた、第四章で述べた実験が出てきます。新しい見方を実地に試すにはどうすればいいかを考えます。経験こそが最良の教師。代わりの見方がどんな効力を持ち、感情や自分の可能性をどう変えるかを身をもって知れば、代わりの見方が強い説得力を持ってくることでしょう。

「自己批判的考えと闘う　記録シート」を活用する

自己批判的考えに代わる見方を見つけるのにどのくらいかかるか

この段階での目標は、自己批判的考えが感情や行動に影響しないように、とくに意識しなくてもそれに気づいて解決策を見つけ、これまでの自己批判的考えを捨てられるようになることです。それには、毎日一つか二つの例を書くのがいちばん。そのうち、わざわざ書かなくても、頭のなかで自己批判的考えに代わるものを見つけることができるようになります。最後には見つけることさえ必要なくなるかもしれません。自己批判的考えそのものがあまり浮かばなくなるからです。それでも、何かむずかしい問題や厳しい状況に直面したときのために、記録シートはいつも「道具箱」にしまっておくといいでしょう。ただ、書かなくても自己批判的考えに対処できるという目標が達成できれば、毎日記録する必要はありません。

表5　自己批判的考えと闘う　記録シート――ジムの場合	
日　　時	99年3月8日
状　　況	またケリーと喧嘩。友達のバイクで出かけたいと言う。
感情と身体感覚 強さの度合(0～100%)	罪悪感　80% 自分に対する怒り　100% 絶望感　90%
自己批判的考え 信じた度合(0～100%)	・またまた何でもないことでカッとなってしまった。もうだめだ。100% ・自分をしっかりコントロールしないと何もかも目茶苦茶になってしまう。100% ・こんなことがいつまでも続くのか。90%
代わりの見方 質問集を使って、自分に対するほかの見方を探す。 信じた度合(0～100%)	・状況を考慮しても、たしかに怒りすぎた。ただ、娘の身を案じるあまりのこと。バイクは危険きわまりなく、娘に何かあったらと思うと怖い。だから、「何でもないこと」ではない。100% ・なんとかしなければならないのは確か。自分はずいぶん変わったけれど、最悪の経験をしたのだから、もとの自分でなくなって当然。90% ・喧嘩は誰にとってもよくない。が、たいていは仲直りする。娘は今跳ねっ返りのティーンエイジャーだが、ほんとうはいい子だ。いっしょに楽しくやることもある。95% ・どう解決したらいいかわからない。こんな状態がずっと続いている。気は進まないが、援助を仰ぐときかもしれない。50%
結　　果 1. 自己批判的考えに代わるものを見つけた今、どんな気持ちか(0～100%) 2. 自己批判的考えを今どのくらい信じるか(0～100%) 3. 何ができるか(行動計画、実験)	1. 罪悪感　40% 自分に対する怒り　30% 絶望感　40% 2. 30% 20% 50% 3. ケリーにどなったことを謝って、なぜどなったかを説明する。 妻を遠ざけるのではなく、彼女と話して気持ちを伝える。 外部の助言を求める？

心が動揺しているときに、どうして違う考え方ができるのか

心が激しく動揺するようなことが起こったときは、自己批判的考えに代わる見方を探すのは非常にむずかしくなります。むずかしくて当然なのに、そうは思わず、それができないことをまたまた自己批判の種にするという罠におちいることもあります。いちばんいいのは、心を動揺させるような何が起こったのか、また何を感じ考えたかをとにかく記録することです。ただ、代わりの見方を探すのは、心が落ち着いてからにしてください。

どのくらいしっかりした記録をつけるべきか

自己評価の低い人には、何事にもできるかぎり高いレベルを期待する完璧主義者が多いものです。「十分いい」では十分ではないのです。完璧主義を貫こうとすると、プレッシャーがかかって創造力が失われ、かえって記録をつけるのがむずかしくなります。また、一つだけの「正しい」答え、つまりあなたの理想とする答えを見つける必要もありません。正しい答えとは、あなたのためになる（あなたにとって意味があり、あなたの感情を好転させ、前向きな行動への道を開く）答えです。あなたにとっていちばん効果のあるものを見つけることです。

代わりの見方に効果がなかったら？

ときには、見つけた答えに期待したような効果がないと思うことがあります。そんなときは、こんなのは屁理屈だとか、ほかの人には当てはまるかもしれないけれど自分には不向きだなどと自分

に弁解して、結局あなた自身がその答えをだめにしてしまっているのかもしれません。そういう批判があるのなら、それは「自己批判的考え」の欄に書き入れて、疑問視すべきです。

自己批判的考えを信じる度合やつらい感情が、たちまちゼロになるとは思わないでください。時間をかけてより寛大な見方を強化する練習をし、自己受容のほうが自己批判より自分のためになると身に沁みて思えるように、いつもと違う行動を繰り返し実験する必要があります。

うまくできなかったら?

自己批判的考えを記録するのに、自己批判の罠にはまってはいけません。自分に対する見方を変えることは、生やさしい仕事ではありません。その力をつけるには時間と訓練が必要です。むずかしいからといって、自分に厳しく当たらないように。「こんなふうに思うなんて、ほんとに馬鹿だ」「まだまだ十分じゃない」「自分には絶対コツはつかめない」などと自己批判している自分に気がついたら、それを記録して、代わりの見方を探してください。

自己批判的考えに代わる見方を見つけるための質問集

以下にまとめられている質問は、新しい見方を探り、あなたの自己批判的考えがいかにゆがみ、偏っているかを認識できるように考えられたものです。自己批判的考えにうまく疑問を投げかけるには、初めはリストの質問全部を使うといいでしょう。やがては、あなた独自の自己批判的考えと闘うにはどの質問が役立ちそうか、意識するようにしてください。とくに役立つ質問は小さいカードにメモして、財布やハンドバッグに入れて持ち歩けば、いつでも自己批判的考えが起こったときに取り出して使うこともできます。

自己批判的考えに代わる見方を見つけるための質問集

- どんな証拠があるのか

「考えと事実を混同していないか」
「私が自分について思うことを正しいとする証拠は何か」
「私が自分について思うことを正しくないとする証拠は何か」

- どんな代わりの見方があるか

「私の自分に対する見方を唯一可能な見方だと思い込んでいないか」
「代わりの見方が正しいとするどんな証拠があるか」

- 私が自分について考えるような考え方にどんな効果があるか

「この自己批判的考えは私にとって有益なものか、あるいは害になるか」
「どんな見方が自分にとってより有益なのか」

- 私の自分に対する考え方のゆがみとは何か

「結論を急ぎすぎていないか」
「二重標準《ダブルスタンダード》を使っていないか」
「『白か黒か』思考におちいっていないか」
「たった一つの出来事をもとに、自分の全人格を糾弾《きゅうだん》していないか」

「自分の短所ばかり考えて、長所を忘れていないか」
「かならずしも自分の責任ではないことで自分を責めていないか」
「完璧であることを自分に求めていないか」

●自分に何ができるか

「どうしたら新しい、より寛大な見方を実践できるか」
「状況を変えるために私がしなければならないことはあるか。ないとしても、これからこの状況に対する私自身の考え方を変えるために何ができるか」
「どうしたらより自滅的でない行動を実地に試すことができるか」

どんな証拠があるのか

「考えと事実を混同していないか」

あなたの自己批判的考えは、不幸にも経験から学習してしまったことをもとにした意見であって、ほんとうのあなたを映し出すものではないかもしれないのです。

「私が自分について思うことを正しいとする証拠は何か」

自分に批判的な断定を下すときは、あなたが何をしているときですか？　自分について考えていることが正しいとするどんな実際的な証拠を持っていますか？　あなたの自己批判的考えの裏付けとなるどんな事実または情報（見解や意見ではなく）がありますか？

「私が自分について思うことを正しくないとする証拠は何か」
あなたの自分に対する低い評価がかならずしも正しくないことを示す証拠をあげることができませんか?

どんな代わりの見方があるか

「私の自分に対する見方を唯一可能な見方だと思い込んでいないか」
どんな状況もいろいろな角度から見ることができます。もっと自信があってすべて順調にいっている日だったら、問題の状況はどう見えるでしょう。十年後ならどう見えると思いますか? 友達がこれと同じ悩みを抱えてやってきたら、あなたは何と言うでしょう。

私が自分について考えるような考え方にどんな効果があるか

「この自己批判的考えは自分にとって有益なものか、あるいは害になるか」
自己批判的考えは、問題の状況からあなたが望むものを得る最良の方法ですか? それとも、もっとバランスのとれた寛大で心励まされる見方のほうが役に立つでしょうか。自己批判的考えは物事に前向きに立ち向かう役に立っていますか? それとも自滅的行動に走らせるものですか?

私の自分に対する考え方のゆがみとは何か

「結論を急ぎすぎていないか」

自己評価の低い人に特徴的なのは、とにかく自分を非難するような結論にすぐ飛びつくことです。証拠を、事実を、もう一度考えてください。もっと広く全体を見れば、自分についての批判的結論は正しくなかったと思い直すかもしれません。

「二重標準《ダブルスタンダード》を使っていないか」

自己評価の低い人の自分に対する態度は、ほかの誰に対するよりはるかに厳しいことが多いものです。自分に求める水準は、ほかの人に求める水準よりずっと高く、厳しく、達成困難なのです。ほかの人に期待する以上のことを自分に求めていませんか？　ほかの人に対してもそんなに厳しく接しますか？

あなたが二重標準を使っているかどうかを見分けるには、近しい人が問題を抱えて相談にやってきたら、自分はどう反応するだろうと考えてみることです。その人に向かって、お前は弱い、馬鹿だ、情けない、もっと賢くなれ、と言いますか？　それとも、励まし、同情し、もっと視野を広く持って前向きな対処法を見つけられるように力を貸しますか？　自己評価の低い人は、自分に甘くしては物事を達成できない、と思いがちです。でも、実際は反対ではないでしょうか。赤ん坊が立って歩いたりおしゃべりを始めるときのことを考えてください。いつもの批判的な姿勢を変えて、ほかの人に接するときのように、自分に対してやさしく、思いやりを持って、励ましてみてはどうでしょう。自分に対してやさしくなれば、気分もよくなり、考えもはっきりして、積極的な行動がとれるようになるかもしれません。

「『白か黒か』思考におちいっていないか」

白か黒か（オール・オア・ナッシング、全か無か）思考は、すべてを単純化しすぎてしまいます。物事はほとんどが相対的なものです。全部悪い人も、全部いい人もいません。完全な悲劇も、一点の曇りもない至福もなく、その中間のどこかになるのがふつうです。あなたは自分のことをこの「白か黒か」思考で考えていませんか？　手がかりは、いつもどんな言葉を使っているかです。極端な言葉（かならず、絶対、みんな、誰も、全部、全然、など）には、白か黒か思考が反映されているかもしれません。物事はそんなにすっぱり割り切れるものではないのです。灰色の部分も見るようにしてください。

「たった一つの出来事をもとに、自分の全人格を糾弾《きゅうだん》していないか」

自己評価の低い人は、自分のたった一つの言葉や行動、たった一つの問題、たった一つの側面から、自分の全体を判定してしまいがちです。ちょっとつまずくと、自分には人として価値がないと思い込みます。誰か一人に嫌われると、自分が悪いのではないかと思う。一つ間違うと、自分は失敗者と決めつける。あなたのしたたった一つのことで、あなたの全体を判定するのは意味のないことです。たとえばあなたが一つ素晴らしいことをしたとして、それであなたという人全体が素晴らしいということになりますか？　そんなことは夢にも思わないはずです。それなのに、こと欠点や失敗や間違いとなると、すぐに自分をだめな人間と決めつけたがるのです。

もっと広い視野で見てください。とくに、自分をだめだと思っているときは、その考えに合うものにはすぐに飛びつき、合わないものは排除しているのだということを忘れないでください。あらゆる証拠を考慮に入れているという確信がないかぎり、全人格を判定するのはやめるべきです。

「自分の短所ばかり考えて、長所を忘れていないか」

低い自己評価は、自分の短所ばかりに目を向けさせ、長所には目をつぶらせます。日常的なことで言えば、その日うまくいかなかったことはすべて覚えていて、楽しかったことや成し遂げたことは忘れたり無視したりするということです。ひどいときには、たった一つの長所や才能さえ思いつけなくなったりします。

悪いことばかりに注目して、いいことは無視するこの傾向を、見事に解説する言葉があります。自分をだめだと思う人は、どんな欠陥も弱点も見逃さず、何かあれば非難してやろうと手ぐすね引いている、きわめて用心深い有能な「内なる検事」を抱えているようなものだと。内なる検事に対抗するには、被告側に証拠を提供してくれる、同じくらい強力な「内なる弁護人」が必要でしょう。何より大事なのは、「内なる判事」を育てるということです。検察側から出された証拠のみにもとづいて断罪するのではなく、ほんとうの裁判官のように、あらゆる証拠を考慮し、公正でバランスのとれた見方をしてくれる判事です。

「かならずしも自分の責任ではないことで自分を責めていないか」

何かうまくいかないことがあると、その理由としてあらゆる可能性を考えてみますか？　それとも、あなたに何か足りないところがあったせいだとすぐに決めてかかりがちですか？　たとえば、友達にすっぽかされたとすると、友達を怒らせるようなことをしたにちがいない、あるいは相手はもう自分に関心がないのだと決めつけてしまいませんか？

うまくいかない理由は実にさまざまあります。すぐ自分の責任だと決めつけてしまうと、ほんとうの理由が突きとめにくくなります。もし同じことが誰かほかの人に起こったことなら、あなたは何と言いますか？　可能性のある理由をいくつ思いつくことができますか？　公平に見てどんな説明が可能かを考えてみれば、思ったほどあなたに責任がないことがわかるでしょう。実際、あなたとはまったく関係のないことが原因かもしれないのです。

「完璧であることを自分に求めていないか」

前にも言ったとおり、自己評価の低い人は自分に対して非常に高い基準を設ける傾向があります。たとえば、人生で出会うあらゆることを、冷静沈着かつ効果的に処理できなければならない、と。あるいは、どんな状況でも、またどんな犠牲を払っても、すべてを最高の水準で成し遂げなければならない、と。これはまったく現実離れしています。しかも、自己批判を誘い、罪悪感やうつ、自分は欠陥人間だというつらい感情が噴出するきっかけをつくってしまいます。あらゆることをいつでも一〇〇パーセント正しく行うなどということは不可能です。それを望むのは、自分を失敗に追い込むことにほかなりません。

だからといって、高い水準を目指すのをあきらめなければならないわけではありません。自分で現実的な目標を設定し、たとえ完璧ではなくても、目標を達成したら自分を褒めてやればいいのです。これなら自分への満足度も高まり、さらに挑戦を続ける動機付けになるでしょう。また、難題にぶつかって失敗しても、動転して何もできなくなるのではなく、そこから学ぶことができるようにもなります。

自分に何ができるか

新しい、より寛大な見方を実践するために何ができるでしょう。それがあなたにとってプラスに働くかどうか、身をもって知るにはどうしたらいいでしょう。自己批判的考えを引き起こす状況を変えるために、あなたにできることはあるでしょうか（たとえば、職場で評価されなかったら転職あるいは辞職する、ますます自己評価が下がるような人間関係を絶つ、など）。あるいは、あなた自身の反応に関してあなたに変えられるものがありますか？　長年の癖は簡単になくなるものではありません。この先、今までのような考えや感情や行動が復活してきたらどうしますか？　今度また同じ状況になったら、どう対処したいですか？

もちろん、自己批判的考えを突きとめて闘うでしょう。自虐的でない新しい行動を試してみるかもしれません（褒められたら悪びれずに受け入れる、自分の人格について謝らない、機会をとらえて自分の要求を主張する、など）。アイディアを「自己批判的考えと闘う　記録シート」に書き込み、機会あるごとにそれを試して、自分に対する新しい見方を育て、強化することです。

第五章のまとめ

❶ 経験により最終結論が確認されたことを意識すると、自己批判的考えが浮かぶ。この章では、自己批判的考えと闘い、自分に対するもっと現実的で有益な見方を模索できるように、いくつかのステップごとに焦点を当てて考えてきた。

❷ 自己批判的な考え方は学習によって獲得された習慣であり、かならずしも自分についての真実を反映するものではない。

❸ 自己批判的考えは益より害のほうが大きい。自己批判的考えを信じると、自分をだめな人間と感じ、自滅的行動に走る。

❹ 自己批判的考えとは一線を画し、これはほんとうの自分をそのまま映し出すものではなく、自分のした行為にすぎないのだと思うようにしていくこと。

❺ 自己批判的考えは、不安な予測と同じで、いくらでも疑問を差し挟む余地がある。自己批判的考えと、それが感情や体調、行動に及ぼす影響を観察し、記録し、自分に対するもっとバランスのとれたやさしい見方を探すようにしていくこと。

❻ 最終ステップは、ほかの人に対するのと同じように、自分の長所や素質、能力にも価値をおき、自分に対してより寛大に接する実験をすること。これは次の章のテーマともなる。

第六章◆自分を受け入れる

はじめに

第二章で、考え方の二つのゆがみが互いに補い合って低い自己評価を支えるという話をしました。認識のゆがみと、解釈のゆがみです。自分のいい点をもっと重視し、自己批判的な考え方を転換することで、これらのゆがみを直し、自分への満足度を高めることができます。これは、より肯定的で現実的な、新しい最終結論を育て強化するのに欠かせない、大事な要素でもあります。

第五章では、解釈のゆがみに焦点を当てました。自分に対する否定的な思い込みが、自己批判という罠にあなたを誘い込むメカニズムです。そして、自己批判的考えを見分けてそれに対処する方法を学びました。この章では、同じコインの裏側を見ることになります。自分の肯定的な面を排除し、自分の人生のいいところを無視または軽視させる、認識のゆがみです。

まずそのメカニズムを再認識してもらい、次に、ゆがみを直す方法を示していきます。自分の嫌いな面ばかり考えて大事な時間を過ごすのではなく、価値と能力、才能と長所といったあなたの素質への自覚を日々高めることを目指します。ゆがみを直すといっても、頭で考えるほど実際には簡単ではないかもしれません。自己批判の習慣がしばしば子供時代につくられるように、自分を高く評価するのはいけないことだというのも、幼いころから叩き込まれることかもしれません。用心してそれに対抗する覚悟を決めないと、この章で自己評価を高める方法を紹介しても、抵抗を感じて実践する気になれないかもしれません。

肯定的考え方をタブー視するのは不公平

「私は美しい」「私は賢い」「私の料理の腕は一流だ」「私には素晴らしいユーモアのセンスがある」「私には抜群の音楽的才能がある」「私ってすごい」

誰かがこんな発言をしたら、あなたはまずどう思いますか？　ずいぶん思い切ったことを言うなとか、不快だとか、間違っていると思うかもしれません。自分を高く評価し、自分で自分のいい点を認めるなどということは、うぬぼれにほかならないと思うかもしれません。考えただけで恥ずかしくて落ち着かないかもしれません。自分のいいところを認めたりすれば、「いいや、違う」とか「へえ、気がつかなかった」とか「ほんと？　そんなふうには見えないけど」などと言われるに決まっていると思うかもしれません。当然のことながら、そういう考えや感じ方は、自己評価を高める邪魔になります。

自己批判の習慣と同じように、自分の長所や素質を認め、評価することをうぬぼれの自己満足と見る習慣も、しばしば子供時代に習得されます。間違ってはいけない、悪いことをしてはいけないと教えられるのと同じように、子供が少しでも自分の成功を認める素振りを見せると、たちまち反感を買い、嘲笑されるのです。とくに、学校の成績がよく、みんなの前で先生に褒められるような子供（とくに女の子）によくあることです。思春期になれば、男の子はできのいい女の子といっしょにいるのは居心地が悪く、避けるようになります。その結果、そういう女の子たちはわざとうまくやらないようにしたり、成功しても隠したり、才能があるからではなく運がよかったからだ、というふりをしたりするようになるのです。問題は、そういう戦術が、いつの間にか考え方そのものになってしまうことです。自分の才能や功績に価値をおかなくなり、うまくできたことは素質や努力の成果ではなく、ただのまぐれ当たりだと信じるようになります。この過程を「巻き戻し」するには、時間と粘り強さが必要でしょう。

自己批判もそうですが、自分の肯定的な面を無視したり低く評価したりするのは不公平というものです。自分の長所や素質を認めて喜び、人生の素晴らしさを享受するに値する人間として自分を扱うこと――それが自己受容です。自己受容は自己満足につながるという考えは間違っています。肯定的な面を無視すれば、欠点や変えたいと思うところと同時に自分のいい点をも考慮に入れるという、バランスのとれた見方ができないわけですから、自己評価を低く抑える原因になります。

自己評価を高める第一歩——肯定的な資質に目を向ける

自己評価を高める第一歩として有効なのは、自分の素質、才能、技能、長所などのリストを作ることです。これには一石二鳥の効果があります。一つは、自分に対する肯定的な見方を育て、強化できること。もう一つは、肯定的な面を無視し、自分に対する意見を好ましい方向に修正してくれそうな経験を排除しようとする仕組みに気づかされること。したがって、肯定的な資質に目を向けようとしているあいだは、自己批判的考えの出現に注意し、それがバランスのとれた肯定的見方を育てる邪魔になることがないよう気をつけなければなりません。自己批判的考えに囚《とら》われても、「あ、またか」と冷静に受けとめ、それ以上深入りしない境地にまで到達するのが目標です。もし邪魔がしつこくてその説得力に負けそうになったら、それを「自己批判的考えと闘う 記録シート」（一二三ページ）に書き込み、きちんと対処してから、また作業を続けます。自己批判は単なる習慣であって、あなたが広い視野を持ち、肯定的な見方を育てる邪魔はさせないという態度を貫けば、かならず弱まるものだということを忘れないでください。

リストを作るに当たって、まず邪魔の入らない時間を選び、紙とペンまたは鉛筆を用意してください。穏やかな気分でリラックスできる気持ちのよい場所に座ります。好きな音楽をかけてもいいでしょう。そうして、自分自身のいいところを、思いつくかぎり書き出してください。すぐにいくつも書けるかもしれないし、一つか二つ思いつくのもむずかしいかもしれません。ゆっくりと時間をかけ、最初はなかなか思い浮かばなくても気にしないことです。自分を別の見方で見るという、新しいことに挑戦しているのですから。できるだけ書き出して、今はこれが限度だと思ったら、そこでやめます。リストは身のまわりにおくか、持ち歩いてください。数日間は心に留めておいて、思いついたら書き加えるようにします。たとえ初めは一つか二つしか思い浮かばなくても、大いに喜んでください。見事、自分の考えを自由に解き放つスタートを切ったのだし、自分のいいところを認めて受け入れる大事な第一歩を踏み出したのですから。

肯定的な資質を見つけるための質問集

自己評価の低い期間が長いと、自分の長所や素質を見つけるのはむずかしくなります。だからといって、長所や素質がないわけではありません。それに気づいて重視する習慣がなかったということです。あなたの長所を見つけるきっかけとなるような質問を、以下にまとめてみました。

あなたのいいところを見つけるための質問集

- どんなにささいなことでも、たとえ束の間でも、自分で好きだと思えるところはあるか。
- どんな肯定的な資質をあなたは持っているか。
- これまでの人生で、たとえどんなにささやかでも、成し遂げたことはあるか。
- どんな難題に直面してきたか。
- どんなに目立たないものでも、何か才能を持っていないか。

- どんな技能を習得したか。
- 人はあなたのどんなところが好きか、また評価しているか。
- あなたが素晴らしいと思うほかの人の資質や行動で、あなたにもあるものは何か。
- あなたにあるもので、ほかの人にあったら素晴らしいと思うのはどんなところか。
- 肯定的な資質でも、あまりにささやかでつい無視してしまうものはあるか。
- あなたが持っていない悪いところとは何か。
- あなたを親身に思ってくれる人は、あなたをどういう人だと言うだろうか。

どんなにささいなことでも、たとえ束の間でも、自分で好きだと思えるところはあるか

今までで、たとえ一瞬でも、自分についていいと思えたことを探してください。

どんな肯定的な資質をあなたは持っているか

一〇〇パーセント確実に持っていると感じられない資質や、いつも表に出ているわけではない資質も入れること。親切である、正直である、律儀である、思慮深い、有能――こうした資質を、いつでも、完璧に持っている人など誰もいません。完璧に持っているわけではないからといって無視するのではなく、少しでもそういう資質があるということを誇りに思ってください。

これまでの人生で、たとえどんなにささやかでも、成し遂げたことはあるか

世界を揺るがす大事業である必要はありません。あなたが乗り越えてきた小さな難関や、達成できた目標に目を向けること。私なら、まず三輪車を乗り回せるようになったことをあげます。

どんな難題に直面してきたか

これまでにどんな悩みや問題を克服しようとしてきましたか？　その努力はあなたのどんな資質を表していますか？　難題や不安な状況に立ち向かうということは、うまく解決できてもできなくても、勇気と根気のいることです。そのことを誇りに思ってください。

どんなに目立たないものでも、何か才能を持っていないか

あなたが上手にできることは何ですか？「上手に」であって「完璧に」ではないことに注意してください。卵をゆでるのがうまいとか、口笛で曲が吹けるとか、ささいなことでいいのです。

どんな技能を習得したか

たとえば、電話やコンピュータの使い方を知っていますか？　電子レンジは？　ノコギリは？　車の運転はできますか？　自転車に乗れますか？　泳ぎや裁縫やトイレ掃除はできますか？　聞き上手で、冗談をわかってあげられますか？　文章を深く読み取ることは？　外国語は？　生活のあらゆる分野を考え、たとえ完璧でなく初歩の段階でも、持っている技能をすべて書いてください。

人はあなたのどんなところが好きか、また評価しているか

人はあなたの何に感謝し、あなたに何を頼み、あなたの何を褒めますか？　何を称賛し、高く評価してくれますか？　そういうことにはあまり関心を払わなかったかもしれませんが、これからは関心を持ってください。

あなたが素晴らしいと思うほかの人の資質や行動で、あなたにもあるものは何か

自分の長所より人の長所のほうが考えやすいかもしれません。人が持っていてあなたが高く評価する肯定的な資質で、あなたにもあるものは何でしょう。その人と同じように完璧に、上手に、あるいは同程度にできる必要はないのです。たとえわずかでも同じ資質を持っているなら、持っていると認めてください。

あなたにあるもので、ほかの人にあったら素晴らしいと思うのはどんなところか

あなたは、ほかの人の素質や長所はすぐに認めて受け入れるのに、同じ素質や長所でも、自分のこととなるとなかなか認めないのではありませんか？　不公平です。あなたの持っている資質で、ほかの人が持っていたら評価するものを書き出してください。資質だけでなく、ほかの人がしたら肯定的に見る振る舞いや行いもすべて書き出してください。

肯定的な資質でも、あまりにささやかでつい無視してしまうものはあるか

リストには、肯定的なことでも大きなことしか書けないと思っていませんか？　否定的なことなら、ささやかだからといって同じように無視しますか？　しないでしょう？　肯定的なことも、ごくささやかなものまで書いてください。でなければ、バランスのとれた見方はできません。

あなたが持っていない悪いところとは何か

初めに否定的な資質をしっかり頭に描いてからのほうが、肯定的な資質を思いつきやすいという人もいるでしょう。そこで、無責任だ、冷酷だ、嘘つきだ、人をいじめる、など悪い資質を考えてください。あなたに当てはまりますか？　答えがノーなら、当然あなたはそういう人ではないということです。では、あなたはどういう人ですか？　責任感がある、やさしい、正直、思いやりがあるなど、あなたが考えた悪い資質とは正反対のものを書き出します。ここでも、完璧でないからといって無視しないこと。

あなたを親身に思ってくれる人は、あなたをどういう人だと言うだろうか

あなたの知っている人で、あなたを親身に思い、大事にし、味方になってくれる人を思い浮かべてください。その人はあなたをどんな人だと言うでしょう。友人として、親として、同僚として、また同じ地域に暮らす人として、あなたをどう見ているのでしょう。あなたを知っていて、あなたの幸福を願っている人は、あなたに対して、たぶんあなたがあなた自身に対するよりもっとやさしく、もっとバランスのとれた見方をしているはずです。

実際、尊敬でき信頼できる近しい人がいるなら、あなたについて好きなところや評価するところをリストアップしてもらうと、大いに役立つかもしれません。ただ、この作業の精神を忘れずに、まじめに協力してくれる人に頼んでください。でないと、逆効果になりかねません。

両親から才能を理解されなかったサラが、なかなか肯定的な資質をリストアップできなかったことは、想像がつくと思います。経験によって、自分にあまり価値をおかないよう、ほかの人には素晴らしい才能と映るものを軽視するよう、教え込まれてきたのですから。初めは「性格がいい」と「努力家」しか思いつきませんでした。何か書き加えようとすると、それを抑え込む心理が働くのです（「でも、そんなことならほかの人のほうが上手だ」「でも、こんなことはたいしたことじゃない」など）。二、三度試みたあと、サラは一三九〜一四〇ページの質問集を使って、考え方を変えてみようとしました。それでもしばらくは、行き詰まっては投げ出すことを繰り返していましたが、ついに「思慮深い」「実務的能力がある」「色彩感覚がいい」「根気がある」「創造的」「やさしい」「趣味がいい」「新しい料理に挑戦できる」「新しい考えに対して偏見がない」を加えることができました。さらには、勇気をふるって、昔からの信頼できる友人に、彼女のいいところをリストアップしてくれるよう頼みました。友人は、きみもそろそろ自信を持つべきだと言って、真剣に取り組んでくれました。できあがったリストは好意あふれるもので、サラは嬉しい感動を味わいました。彼はサラが書いたのと同じ資質をいくつかあげ、さらにこんな長所も加えてくれたのです。「聞き上手」「いい飲み友達」「居心地のいい家づくり」「知的」「感受性が鋭い」「温かい」。

書いたことを実感する

肯定的な資質のリストを最大限に活用するには、あなたのいいところが日常にどう表れているか、その自覚を高めるための資料にするのがよいでしょう。最終的には、書き出された素質、長所、才能への自覚があなたの心に根付くことが目標です。とくに努力しなくても、ごく日常的にそれらの美点を認識し、受け入れられるようになることです。ただ、その域に達するまでには、意識的に自分の肯定的な面に目を向ける癖をつけなければならないし、そのための時間が必要となります。

二、三日、さらにリストに付け加える項目を考え、当分はもう思い浮かばないと思ったら、もう一度居心地のいい場所でリラックスして、リストを読んでみてください。すらすらと読み流したりしないこと。一つ一つじっくり眺めて、十分心に染み込ませます。ゆっくり、慎重に。最後まで行ったら、また初めに戻ります。今度は、一項目ずつ、その資質があなたの言動に表れたときのことを思い出してください。時間をかけて、記憶をできるだけ鮮明によみがえらせます。その場面が今また繰り返されているかのように、できるかぎりその体験を味わってください。目を閉じて、いつ、どこで、誰といたのか、その肯定的な資質がどのような言動となって表れ、その結果どうなったのか、正確に思い出してください。

たとえばサラは、自分が一人で家にいるところへ友達から電話があったときのことを思い出しました。一見何でもないおしゃべりのようでしたが、サラは友達の声に何かを感じて、「大丈夫?」

とやさしく訊きました。友達は突然泣きだし、ボーイフレンドと喧嘩をしてひどく落ち込んでいるのだと打ち明けたのです。話せてよかったと友達は言いました。サラはこれを、自分の感受性の鋭さを表すものと思うことができたのです。

こういう作業が、あなたの気分や自分に対する感じ方にどう作用するかに気づいてください。書いたことを実感する作業が十分できれば、リストの項目はあなたにとってそれだけ鮮明な、意味のあるものとなります。気分もよくなり、自信がわいてくるはずです。

自信もわかず、気分もよくならないとしたら、あなたは自分が書いたことを認めていないのかもしれません。作業のあいだ、恥ずかしい、きまり悪い、信じられないなどという思いに目を光らせてください。そういう感情がわくということは、自己批判的考えが心をよぎった証拠かもしれません。たとえば、うぬぼれはよくないと内心思っていませんか？　見栄を張っているような気がしていませんか？　自分のしたことなんてささやかなことで、誰にでもできたことだと考えていませんか？　ちゃんとした人間なら当然のことだと思っていませんか？　もっとうまくできたはずだとか、もっと速く、もっと効率よくできたはずだと思っていませんか？　自分は親切な（人に協力を惜しまない、有能な）ときもあるけれど、いつもというわけではないし、一〇〇パーセントでないなら意味がない、と思っていませんか？　人も持っている資質なら、ごくふつうということだから、ここで考える対象にはならないと思っていませんか？

こういう邪魔が入ったときは、ただ「入ってきたな」と思って（なにしろ、長年の癖はなかなか直らないのだから、べつに驚くこともないわけです）、また肯定的な資質のリストに集中すればいいいのです。入ってきた邪魔がとくに強力で、無視しにくいときは、自己批判的考えへの対処法で培ったスキルを使って対抗すればいいのです。

あなたのいいところを日常的に自覚する――「肯定ノート」をつくる

肯定的な資質のリスト作りは、低い自己評価を高めるための第一歩です。そして、その資質が行動に表れた具体的な例を思い出し、そこに焦点を当てることが、その資質があなたにとって現実となっていく出発点となります。どこかにしまい込めるような紙の上の観念ではない、現実となるのです。

次のステップは、あなたのいいところを日常的に自覚できるようにすることです。そのためには、不安な予測や自己批判的考えを記録したのと同じように、あなたのいいところを毎日、思いついたときに記録しなければなりません。それが「肯定ノート」です。ポケットや財布やハンドバッグにしまえる大きさの、素敵な表紙のノートを一冊買いましょう。古い紙切れやメモ帳ではなく、特別なノートを使うことは、それ自体一つの主張です。これまで無視し、否定し、当然のこととしてきたあなたのさまざまな面を、これからは認め、大切にするという決意表明なのです。

ノートのそれぞれの欄に、あなたのしたことと、それがどういう資質を表しているかを書きます。次にあげるのは、サラが最初の週に「肯定ノート」に書いた例です。

●数時間かかって、風景画の大作を描きあげる（努力家）。
●夜、サイモンと会う。こんなに笑ったのは何年ぶりか（いい飲み友達、愉快な人間性）。
●花を買った（居心地のいい家づくり）。
●タイ・カレー作りに初めて挑戦。変な味だが一応食べられた（新しい料理に挑戦できる）。
●母の誕生日なので、電話した（やさしい）。
●仕事部屋に棚を吊った（実務的能力がある）。

思いついたときにすぐ書けるように、ノートはかならず持ち歩いてください。でないと、記録をつけ忘れたり、あとから振り返ると事の重要度が下がったりします。一日一ページとし、前もっていくつの例を記録したいか決めておきます。初めは三つくらいが適当でしょう。三つが簡単に書けるようになったら四つにし、それもできるようになったら、五つ、六つと増やしていけばいいのです。そのころには、いいことがあればわざわざノートにつけるまでもなく気づくようになります。

一日の終わりに、リラックスできる時間をとって、記録したことを読み返します。読み返し、細かいところまで鮮明に思い起こして記憶を心に染み込ませ、気分や自分に対する感じ方に作用させます。一週間ごとにもう一度読み返して、より広い視野で眺め、次の週にはいくつ記録をつけるか決めます。ついでに言えば、このノートは、あなたに自信をつけてくれる楽しい思い出の宝庫となるでしょう。ストレスを感じたり、自分をだめな人間だと思ったときは、いつでもこれを開けばいいのです。

いい人生を自分に奮発しよう

自己評価の低い人は、自分のいいところに気づいたり大切にしたりできないばかりか、日々生きることの喜びを味わうのも下手なようです。一つには、人生を満足のいく楽しいものにする努力を怠るからですが、もう一つは自分の行いに誇りを持てないからです。ここでは、あなたの人生をもっと満足のいく楽しいものにする方法を説明し、どんなにささやかでも日々の成功や成果を誇りに思うことで、自己評価が高められることを示します。これは気分の落ち込んだときとくに有効で、事実、もともとはうつ病のための認知療法として開発されたものなのです。人生の喜びを増やし、自分のいいところに注目すると、さまざまな「副作用」が生まれます。その主なものが、気分が高揚することです。気分が高揚すれば、自己批判と闘うのも、自己評価を低く抑える悪循環を断ち切るのも容易になります。

満足度を高め、楽しみを増やす――「活動日誌」をつける

日々の生活を精一杯楽しむための第一歩は、自分がどういう時間の使い方をしているか、日々の活動がどの程度満足のいくものか、また、自分の成功や成果を認めることがどのくらいうまくできているかを、明確につかむことです。あなたがどんな変化を望むにせよ、この自己観察が出発点と

なります。

観察の資料として「活動日誌」をつけましょう。一五四〜一五五ページに、サンプルとしてサラの「活動日誌」を紹介しているので、実際にどういう使い方をするのか、感じをつかんでください。見てのとおり、学校の時間割のようなもので、毎日一時間ごとに、何をし、そこから何を得たかが記録できるようになっています。これによって、自分の行動をどのくらい楽しみ、自分のあげた成果をどのくらい誇りに思っているかがわかるのです。

日誌は、時間の使い方をどう変えたらいいかを知るため、また（自分の肯定的な資質に注目したように）自分の経験の肯定的な面にも関心を向けるための資料になります。楽しみに水を差す考えや、成功を無視し軽視させる自己批判的考えを知る手がかりにもなります。一日が終われば、その日何があったか、漠然とした印象ではなく、役立つ情報満載の正確な記録が手元に残るわけです。

第一ステップ——自己観察

時間ごとの詳しい活動日誌を一週間ほどつけると、大いに役立つ情報が集まります。自分の行動をどう変えていきたいかを考えるとき、この情報は重宝します。

時間ごとに、次のようなことを書き込みます。

何をしたか

ただあなたがしたことを書けばいいのです。あなたのすることはすべてが活動です。寝ることも、何となく過ごすことも。何となく過ごすとは、正確にはどういうことでしょう。ぼんやり宙を見つめて座っていること？　ぶらぶらしながらちょっとした家事をすること？　ソファにどっかり座り込んで、テレビのチャンネルをあちこち変えること？

楽しみ度と達成度

●楽しみ度《プレジャー》（P）

自分のしたことを、あなたはどのくらい楽しみましたか？　〇から一〇までの数字で表してください。「P10」なら、あなたはそれを大いに楽しんだということです。たとえばサラは、友人たちと観劇した夜に「P10」をつけています。すごく楽しい夜だと感じたのです。劇は素晴らしく面白く、それでいて考えさせられるもので、気のおけない旧知の友人たちとほんとうに楽しく過ごせたのです。「P5」はほどほどに楽しかったということです。サラは一人で田園を散策したことを「P5」にしました。晴れ渡った温かい日で、それはよかったのですが、距離の見当を誤り、車に戻ってきたときには疲れ果てていたのです。「P0」は、その活動をまったく楽しめなかったということで、サラは、エージェントと会ったことを「P0」にしました。このエージェントは気に入っていて尊敬もしていたので、ふつうなら会うのは楽しいはずなのに、このときは、最近描いた作品で個展を開こうとしつこく勧められたからです。

何をしたかによって、楽しさのレベルはまちまちになるでしょう。そのまちまちが、役立つ情報源となるのです。あなたにとって何が楽しかったのか、何が楽しくなかったのかを教えてくれます。満足や楽しみの邪魔をする考えについても、手がかりがつかめるかもしれません（サラは、エージェントとの会話を楽しめなかったのは、自分の作品を大勢の人に見てもらうことへの不安でいっぱいだったからだと気づきました）。

● 達成度《マスタリー》（M）

それぞれの活動がどの程度の達成感をともなう経験だったかということです。「M10」は非常に達成度が高いわけで、サラはエージェントと会って二日後に彼に電話したことに「M10」をつけました。あいかわらず不安ではあったけれど、展覧会を開く準備に入ることを承諾したからです。これは大変なことで、自分の背中を押す思いでこの電話をしたことから、高い達成度をつけることにしました。「M5」はほどほどの達成度ということで、サラは、散策の翌朝、疲れていたにもかかわらず、描きかけの絵を完成させられる時間に起きたことに「M5」をつけました。朝起きたくらいで大げさな、と最初は思ったものの、そうとうに疲れていたことを考えると、我ながらなかなか立派だと思い直したのです。「M0」は達成感なしということで、サラは家でテレビを観た夜に「M0」をつけました。のんびりできて楽しかったのですが、何一つ達成したものはないので、喜んで○にしました。

大切なのは、「達成」が、昇進したとか、百人規模のパーティを催したとか、家中の大掃除をしたとかの大事業である必要はないということです。どんな活動でも、誇るに足る業績となりえます。

ストレスや疲れ、体調不良や抑うつ感を感じているときは、とくにそうです。気分がすぐれないときには、子供を学校に送っていく、電話に出る、おやつを作る、仕事を時間どおり始めるといったささいな日課や、あるいはベッドから起き上がるといったことさえ、立派な大仕事と言えます。そのことを認めないと、自己評価の低い人は、しばしば自分のすることに価値をおかないことになり、当然、低い自己評価が続く原因ともなるのです。

すべての活動にPとMの評価をしてください。義務としてしなければならないことや仕事などは主にMの活動で、自分の楽しみやくつろぐためにすることは主にPの活動ですが、多くはその両方が混ざったものとなります。たとえば、パーティに出席することは、人と接することが不安なら、否定的な予測を克服するわけだから、Mのレベルは高くなるでしょう。でも、いざ会場に着いてみると、リラックスして楽しめたとすれば、これは楽しい活動となります。そのうちあなたは、MとPのバランスをとろうとするようになるでしょう。すべての活動に両方の評価をすることで、バランスがとりやすくなるのです。

反省点

一日の終わりに、数分間、日誌を読み返す時間をとってください。書きっぱなしにしておくより、短い時間でも一日を振り返ることで、自然に自分の行動を反省することができます。どんなことに気づきますか？　どんな時間を過ごし、自分の行動にどれほどの喜びと満足を感じているのか、日誌から何かわかりますか？　うまくいったことは何ですか？　うまくいかなかったことは？　Mと

	月	火	水	木	金	土	日
午後5〜6時			同 M4P1	買い物 M2P3	同 M4P6	同 M8P3	帰宅 M0P2
夜6〜7時			同 M4P6	JやFと飲食 M1P6	仕事 M3P7	車で帰宅 M3P2	仕事 M2P4
夜7〜8時			夕食 M1P4	観劇 M0P10	夕食 M1P4	ママに電話 M4P1	同 M5P2
夜8〜9時			Pが来る。落ち込んでいる M4P2	同	テレビ M0P6	仕事のことを考えながら音楽を聴く	同 M3P4
夜9〜10時			同 M4P4	同	同 M0P8	同 M0P6	同 M2P6
夜10〜11時			読書 M0P6	再びパブへ M0P8	同 M0P7	Pと夜のお酒 M1P7	就寝 M0P5
夜11〜12時			就寝 M0P4	Jのアパートへ M0P8	就寝 M0P4	同	
夜12〜1時				同		就寝 M0P8！	

反省点（気づいたこと。よかったこと。悪かったこと。変えたいこと）

月

火

水　食事は全然楽しくなかった。エージェントが強引。いつもながら、私の作品を気に入ってくれる人がいるとは信じられない。

木　仕事がちょっとうまくいって楽しかった。素晴らしい夜——また計画する価値あり。

金　なかなか仕事を始められなかったけれど、頑張った甲斐があった。エージェントに電話でオーケーの返事——怖かったけど、やるっきゃないと思って。自分へのご褒美に、夜はのんびりと家で過ごした。

土　歩いたのはよかったけれど、長すぎた。自分のペースを守らなくては。

日　Jとのランチは大成功。コヴェントガーデンの街頭劇、すごく面白かった。

表6　活動日誌——サラの場合							
	月	火	水	木	金	土	日
午前 6〜7 時				睡眠	睡眠	睡眠	睡眠
午前 7〜8 時				睡眠	睡眠 M0P3	同	同
午前 8〜9 時				睡眠 M0P5	起床、 コーヒー、 シャワー M3P2	同	同 M0P5
午前 9〜10 時				起床、朝食、 ラジオ M1P4	画材を 買いにいく	同 M0P5	起床——疲れ が抜けない。 朝食、シャワー M5P2
午前 10〜11 時				仕事 M2P4	同 M3P4	起床、朝食 M2P4	仕事 M5P2
午前 11〜12 時				同 M2P6	Mと コーヒー M0P6	車で ヘンリーへ M3P4	同 M4P5
午後 0〜1 時				同 M1P6	仕事 M6P3	いとこたち と昼食 M1P6	同 M4P5
午後 1〜2 時			エージェントと昼 食。個展を開く よう勧められる M5P0	公園で ランチ M0P6	同 M6P5	同	Jと昼食 M0P6
午後 2〜3 時			同 M4P1	散らかって いた部屋の 掃除 M7P0	同 M4P1	同	同 M0P8
午後 3〜4 時			Fに 会いにいく M0P1	同 M8P0	エージェント に電話。個展 の話を受諾 M10P2	一人で 川岸を散歩 M2P5	Jとコヴェン トガーデンへ M0P8
午後 4〜5 時			同 M0P5	座って読書 M1P4	仕事 M4P6	同 M3P5	同

P、何が最高評価でしたか？　最低評価は？　もっとしたいことは？　したくないことは？　変えたいことは？

「活動日誌」の活用法

どのくらいの期間、記録すればいいのか

記録をつける目的は、自分がどんな時間の過ごし方をしているのか、日々の活動が自分にとってどの程度楽しく満足のいくものなのかを、明確に理解することにあります。それはまた、自己批判的考えや不安な予測が、自分の経験を大切にすることを阻んでいるかもしれないと気づくチャンスでもあります。そのために十分な情報が得られたと思えるまで、記録を続けてください。

いつ記録するのか

忙しい日はつい忘れがちですし、加えて、自己評価の低い人の持つゆがみが、うまくいかなかったことだけを鮮明に記憶させ、楽しみや成功や達成したことは無視させ軽視させようとします。そのときその場で、活動と評価を記録することが、このゆがみに対抗する手段となります。すぐに評価しないと見過ごしてしまうささやかな楽しみや達成感もあります。また、記録を先延ばしにすると、記録すること自体を忘れてしまうか、ひょっとしたら、必要な情報を集める前にすべてをあきらめてしまうことにもなりかねません。

どんな活動もあまり楽しめていないとわかったら?

それは、あなたが楽しい活動のための時間をとっていないからかもしれません。活動日誌を使えば、そのことをチェックできます。ひょっとしたら、自分は楽しいことをする資格がないと思っているのかもしれないし、あるいは、自分のことを最優先に考えたり、くつろぎのための時間をとったりすることを後ろめたく感じているのかもしれません。それとも、本来楽しいはずの活動をしていても、楽しさに水を差す考えがわいて、十分に楽しめないということかもしれません。そういう考えに気づくようになるためにも、記録をつけることが大切なのです。

楽しくなりうる活動をしていても、心がよそを向いていれば、楽しいはずはありません。こういう「水を差す考え」に十分注意し、わきに押しやり、今していることに集中する訓練をする必要があります。わきに押しやるには強すぎる場合は、記録して対処します。記録して対処する——この方法は、不安な考えにも、自己批判的考えにも、水を差す考えにも、実際、あなたを動揺させるどんな考えにも適用できます。これこそが、今まで学習してきた否定的な考えに対処するスキルの利点なのです。

何をしても楽しめないとしたら、第一章(二二ページ)に書かれているうつ病の症状をもう一度見てください。それが当てはまるようなら、うつ病のための療法を探すべきでしょう。

何も達成していない場合は？

低い自己評価や、それにつながる不安な予測や自己批判的考えが、あなたの活動の場を狭めているのかもしれません。たとえば、きちんと対応できないのではないかという不安から、チャンスを逃していませんか？　何かへまをするのではないか、人に受け入れてもらえないのではないかと思って、人との接触を避けていませんか？　難問にぶつかったら、絶対に乗り越えられないと思い込んで、回避していませんか？　当てはまることがあれば、不安な予測に対処する作業を続けることが、活動範囲を広げる、あるいはその実験をする第一歩となります。この一歩を踏み出せば、自分の能力に対してもっと肯定的な見方ができ、達成感を高めることができるようになるでしょう。

あるいは、すでに広い範囲の活動を行い、大変な努力のいること、非常にむずかしいことにも挑戦しているのに、自己批判的考えがあなたの達成感を低くしているのかもしれません。自己批判的考えはモチベーションを低下させ、自分は何も達成していないという誤った印象を持たせます。あるいはまた、自分に対して非常に高い目標基準を設定していること（生きるためのルール）が原因かもしれません。

肯定的な資質を軽視させるのと同じ考えが、日々達成しているものを誇りに思うことも邪魔するのです。仕事を完成させたとき、どんな考えが頭をよぎるか観察してください。その考えは気分をよくさせ、もっと頑張ろうという動機付けになりますか？　それともやる気をなくさせ、うまくできなかったし、続けても意味がないと思わせますか？　もしそうなら、すでに培ったスキルを使って闘わなければなりません。

表7　サラの自己批判的考え

自己批判的考え	それに代わるもの
これは永久に完成できないだろう。	一度に一つずつやっていくこと。あなたは立派にやっている。これからやらなければならないことではなく、すでに成し遂げたことを考えること。すべてを達成したわけではなくても、すでに成し終えたことを誇りに思うこと。
こんなことをしてもしかたがない。何の価値もない。	誰かにいい出来だと言われるまでは、あなたはいつもそんなふうに思う。人がどう思おうと気にしちゃだめ。色が素敵。この絵はあなたにとって発見の旅。ほかの人が価値を認めても認めなくても関係ない。
朝起きたからって、それが何なの？	素晴らしい。すごく疲れていたのだから、一日だらだらしていてもよかったのに、そうしなかった。
一晩休んだりしてはいけない。まだまだ頑張らなくてはいけないのに。	楽しいことをすれば気分がよくなるし、リラックスして創造的になれる。やたらに突っ走るだけでは、結局は息切れしてしまう。がむしゃらに突き進むより、ゆっくり進むほうが仕事がはかどることは、経験からわかっているでしょ？

サラも活動日誌をつけはじめたとき、このことに気がつきました。サラの自己批判的考えと、その対処法の例をいくつかあげてみましょう（上の表を参照）。

これは、（自分をだめだと思い、自滅的な行動に走るのではなく）自分自身にもっと寛大にやさしく接する第五章の実験とつながります。自分の経験を大切にするのを阻む考えは、サラの最終結論（「私は大切な存在ではない、劣っている」）や生きるためのルール（「人に認められないかぎり、私のすることはすべて価値がない」）から出たものであることがわかるでしょう。

第二ステップ——変えていく

自分の時間の使い方がわかったところで、今度は楽しみ度や達成度を高めるように変えていきます。活動日誌の反省点から、どう変えていけばいいか、すでにかなりの感触をつかんでいるはずです。そこで、観察した結果や評価をもとに今後の計画を立て、達成度の高い活動（しなければならないこと、難題、仕事）と楽しみ度の高い活動（くつろぎ、娯楽）とのバランスを図っていきます。

まずは活動日誌を使って、一貫した取り組みをしていくことが大事でしょう。ただ毎日、二つか三つ、その日にしたいこと（回避してきた仕事、楽しめそうなことなど）のリストを作るだけでも、活動のバランスをあなたのためになるように変えていくには十分かもしれません。それでも、これから先、とくに忙しいときやプレッシャーを感じるときなどには、きちんと書いた計画表が役に立ってくれるでしょう。

もし今後の計画の立て方についてきちんと検討したいと思うなら、次のようなものが必要となります。

一日のプラン

朝一番でも、夜でも、都合がよさそうなときを選んで計画を立ててください。活動日誌にじかに書き込んでもいいし、日誌の裏でも、また別の紙でもかまいません。

毎日、楽しみと達成感のバランスをとることを目指してください。日課をこなしたり務めを果たすばかりで、楽しみやくつろぎの時間をとらなければ、しまいには疲れていらいらしてくるでしょう。逆に、しなければならないことをまったく無視すれば、何一つ達成していないという意識が楽しみをしらけさせ、先延ばしにした仕事のことが心の隅にひっかかって、楽しいことも楽しめなくなってしまうかもしれません。

実際にしたことの記録

プランをその日の行動のガイドとし、実際にしたことを活動日誌に書き込みます。プランを書き込んでいる場合は、実際にしたことは別の色を使って、判別できるようにしてください。ここでも、それぞれの活動のＰとＭのレベルを一〇までの数字で表します。

一日の反省

一日の終わりに、数分間ゆったりと座って、その日したことを振り返ってください。どのくらいプランどおりに実行したか。プランどおりでないとすれば、どうしてか。つい脱線してしまったのか。予想外の出来事が起こったのか。プランを盛り込みすぎて、実行に移せなかったのか。ＰとＭのバランスはどうだったか。もっとしたいことは？　減らしたいことは？　違うことをしたいか。このように一日を振り返ることによって、あなたは一日の行動パターンのどこをどう変えたいのか、明確なアイディアをつかむことができるでしょう。

プランを活用する

プランが成功したら？

成功とは、楽しみの活動と達成すべきものとのバランスをとった現実的なプランを立て、始めたことをやり遂げ、望みどおりの楽しみと達成感を得るということです。プランがそのとおりに役立ってくれれば、あなたは実に頼もしい味方を得たということです。

プランが失敗だったら？

うまくいかないのにはいろいろな理由があります。思いどおりにいかなかったとがっかりするかもしれませんが、プランの「失敗」は、実はあなたにとって大きなプラスになりうるものです。あなたの活動パターンがあなたのためになっていないこと、それについてあなたが知らなければならないことを、教えてくれるのですから。

おそらくは、何か理由があってプランどおりにできなかったのでしょう。あまりにたくさんの計画を盛り込みすぎて、疲れてしまったのではありませんか？　楽しんでできることより、義務と感じることばかりで一日を過ごしませんでしたか？　プライベートなことをしたりくつろいだりするための休憩を入れるのを忘れませんでしたか？　逆に、これといったこともせずに、一日を無駄にしてしまったと後悔しませんでしたか？　自分のためになることよりも、人が望むことをしてしまいませんでしたか？　プランのうまくいかなかったところは、あなたの生きるためのルールや戦術を反映していませんか？

問題の本質が理解できれば、もう問題に取り組む態勢ができたということです。現実的な変更を加え、あなたを捉えている（一五九ページのサラの考えのような）自滅的な考えを突きとめて、それを疑問視してください。あなたのプランを実行させないようにしているものが、ほかの面でもあなたの邪魔をしていることに気づくかもしれません。


楽しいことを思いつかなかったら？


とくに、低い自己評価が自分にやさしくしたり人生の楽しみを味わうことを妨げてきたような場合は、なかなか楽しいことを思いつけないものです。

まずは、ほかの人がどんな楽しみを持っているか、気をつけて見てみます。友人や知人はどうでしょう。メディアで見聞きすることは？　地元の図書館や施設などの掲示板に出ている活動などは？　外出したとき、人がどんなことを楽しんでいると気づきますか？

次にあなた自身のことを考えます。今はあまり楽しいことがないとしても、以前にはありましたか？　それは何ですか？　いつも憧れていて、でも実際にはしたことがないことはありませんか？　一度もやったことはなくても、やればできそうなことはありませんか？

さまざまな状況で楽しめそうな、あらゆることを考えてみます。一人でできること（読書、テレビ、散歩）。ほかの人といっしょにできること（パブや美術館へ出かける）。時間のかかること（旅行、人の家に泊まりにいく）。ちょっとした暇にすぐできること（特別なお茶や特別なビールを飲む、芳香剤を入れた湯につかる、ちょっと手を止めて窓の外を眺める）。お金のかかること（花を買う、映画に行く、外食する）。ただでできること（夕日を見る、ウィンドウショッピングをする、古い写真を眺める）。体のためにすること（水泳、マッサージ）。頭を使うこと（討論を聴く、ジグソーパズルやクロスワードパズルをする）。屋外ですること（ガーデニング、ドライヴ）。家でできること（カタログショッピング、音楽を聴く、コンピュータゲーム）。

すべてをリストアップしたら、今度はそれをあなたの生活にはめ込むプランを立てます。でも、こんなことが自分に合うのだろうかと思うかもしれません。それを確かめる方法は一つです！「水を差す考え」に注意して、できればそれをわきに押しやり、それでも邪魔するようなら、いつものように記録して対処します。

毎日が義務を果たすので精一杯なら？

仕事と家庭を両立させている人、一人で子供や親の面倒をみている人、地域活動などに没頭している人——実は誰にもそんな時期があるはずですが、そんな場合、義務と楽しみのバランスはとりにくいものです。でも、自分のための時間をとれないでいると、やがては自分に跳ね返ってくるという認識を持つことが大事です。疲れやストレスがたまって、しまいにはしたいことばかりか、しなければならないことまでできなくなってしまうからです。健康も害してしまうかもしれません。くつろぎの時間を持つことは、あなたや周囲の人の健康と幸せのために、絶対に必要なのです。

ほんの五分、時間をとって、一杯のコーヒーを飲んだり、近所の散歩を楽しむ。十分で、特別な石鹸を使ってシャワーを浴びる。夕食に大好物を食べる。あまり高価でない小さな花束を買う。アイロンをかけながら、また車の手入れをしながら、好きなラジオ番組を聴く。子供が寝ついたら、家事の遅れを取り戻さなくてはと思うのではなく、座って雑誌を読む。とにかく創意工夫をこらし、過酷な日課に押しつぶされないようにしてください。そうでないと、結局はあなたにとってもほかの人にとっても、いい結果にならないでしょう。

先延ばしにしたこと全部はできない

問題を先延ばしにしているとすれば、それと向き合わなければならないと思うだけでひるんでしまうかもしれません。でも、実際的な問題に取り組むことは、自分の能力への信頼感を高め、したがって自己評価にもいい影響を与えます。逆に問題や仕事を避けていると、自分の人生をコントロールしているという感覚が弱まり、自分はだめな人間だという思いにつながりがちです。

先延ばしにしてきた問題を解決する糸口をつかむには、次のようなステップを踏みます。

1　先延ばしにしてきた仕事や、避けてきた問題のリストを作る。

2　できれば、重要度の高い順に番号をふる。順序はどうでもいい場合は、思いついた順に番号をつける。

3　取り組む際には、いくつかの処理しやすい細かい段階に分ける。段階ごとのプランを頭のなかで反芻《はんすう》する。そのとき、それぞれの段階でぶつかるかもしれない実際的な問題を書き出し、それにどう対処するかを考える。援助やアドバイスを求めること、あるいはもっと情報を集めることもそのなかに入れる。

4　反芻するときは、問題を解決したり、仕事に取り組んだりするのを妨げる考えに注意する（解決策は見つからないだろう、すべてを完成させるのは無理だ、など）。不安な予測が頭をもたげてくることに気づくかもしれない。あるいは、自己批判している自分に気づくかもしれない（こんなことは何週間も前に処理しておくべきだった、なんという怠け者か、など）。そんなときは、すでに覚えたスキルを使って、その考えを書き留め、それに代わる有益な考えを探す。

5　段階を踏んで進んでいくプランができ、自信を持って取り組むことができると感じられたら、一段階ずつ取り組んでいく。その際、難題にぶつかったり、不安な考えや自己批判的考えが浮かんだら、3、4でしたように、そのつど処理する。

6　最終的な結果を活動日誌に書き入れ、PとMのレベルを決める。完成した仕事がどんなにささやかなものでも、解決した問題がどんなに小さくても、今まで先延ばしにしてきたことなら、誇りに思う価値があることを忘れないこと。まだしなければならないことの数々をあげつらうより、やり遂げたことを認める。

7　同じようにして、次の仕事に取り組む。

第六章のまとめ

❶ 自己評価を高めるには、不安な予測や自己批判的考えと闘うだけでなく、自分の長所や自分の人生で出会ったいいことに関心を向けること。

❷ 自分の長所を無視し、達成したことや楽しみを軽視するのは、自分に対する偏見からくるものであり、このゆがんだ見方が自己評価を低く抑える原因となる。

❸ 自分の素質、技能、才能、長所をリストアップし、これらが日々の生活に表れる例を書き出すことで、ゆがみに対抗できる（肯定的な資質リスト、肯定ノート）。

❹ また活動日誌を活用することによって、自分の時間の使い方や、自分の行動からどれほどの楽しみや満足を得ているかを観察することができる。

❺ この観察が、いい人生を自分に与えていくための、また日々の楽しみや達成感を最大限に高めるための、基礎資料となる。

第七章◆「生きるためのルール」を変える

はじめに

不安な予測や自己批判的考えは、何もないところから突然表れるものではありません。第三章で見たように、ふつうは「生きるためのルール」が根底にあって、そこから出てくるものです。このルールはしばしば人生の早い段階で、まことしやかな「最終結論」を前提として、それでも世の中で生きていけるようにと編み出されます。人生を生きやすくすることが目的なのに、実際はあなたが人生で望むものを手に入れる邪魔をし、ありのままの自分を受け入れるのを妨げてしまうのです。

生きるためのルールは、日常生活では、そのルールを守ろうとする日々の方針や行動習慣として表れます。自己評価が低いと、自分にどこまで期待すべきか、愛され受け入れられるためには何をすべきか、また自分が価値ある立派な人間だと感じるためにはどう振る舞えばいいか――そういうことを、すべてこのルールが決めてしまいます。あなたのルールがあなたに〝正しい〟生き方をさせてくれるわけです。ルールを守れなければどういう結果になるかも教えてくれるのです。

ブライオニーのルールは、その好例でしょう。「もし人を近づけたら、その人は私を傷つけ、利用するだろう」。ルールを破ればたいていはつらい結果となるので、ルールが守られないような状況に対して非常に敏感になります。それは、最終結論が呼び覚まされ、第三章で述べたような、不安な予測と自己批判的考えの悪循環へとつながっていく状況でもあります。

不安な予測を点検し、自己批判的考えと闘うことがどんなに大事かは、すでに知っているとおりです。でも、それを日々の考えや感情や行動のレベルにとどめ、生きるためのルールや最終結論を手つかずのまま放置することは、庭の雑草の先だけを切って、根を残すようなものです。この章では、あなたのルールを突きとめる方法を考えます。ルールが自己評価を低くする原因であることがわかるでしょう。あなたの行動の自由を広げ、ありのままの自分を受け入れられるようにルールを変え、新しいルールをつくる方法も示します。

章を読み進めながら、あなたのルールについて発見したことや、それに対して投げかける疑問、新しい代わりのルールや、それを実践に移す行動プランなどをまとめ、書き留めてください。一七一ページには書き留めるべき項目が、一七三ページにはジェシーの記入例が出ています。項目は、いつでもそこに立ち戻ることができ、新しい見方があなたの人生に実際に影響を及ぼすような形で、考えをまとめることができるようになっています。これは大事なことです。有害なルールほど変えるのがむずかしいからで、この章を読んでいるときははっきり見えていた話の流れも、困った状況におちいって、ほんとうに新しい見方が必要になったときには、ぼやけてわからなくなってしまうかもしれません。書いてまとめたものがあれば、新しい見方がいつも明確につかめ、厳しい状況でもそれに沿って行動できることになります。

「生きるためのルール」はどのようにして生まれるのか

親は子供が自立して生きていけるようにと、ルールを授けます。子供もまた、家族や親を観察してルールを吸収します。彼らは言葉にされない期待を感じ取ります。何が褒められ、何が批判され、何が親の顔をほころばせ、何が眉をひそめさせるかを知っていきます。こういう経験のすべてがその人のルールのもととなり、生き方に影響を与えつづけるのです。

役に立つルールというのは、何度も試され、しっかりした経験の土台の上に築かれます。柔軟性があって、状況の変化に対応でき、違う人には違った対応ができるようになっています。ところが、ルールのなかには、世の中を理解してその要求にうまく応える助けとなるどころか、本人を有害な習慣におとしいれ、人生の目標を達成する妨げとなるものがあります。そういうルールは、自己評価を高めるためにつくられたものでありながら、実際は、満たすのが不可能な要求を私たちに突きつけてくるのですから、自己評価を低める働きをします。どんな状況に対しても、また本人がどんなに困っても、絶対に譲歩しません（「どんな犠牲を払っても、いつも一一〇パーセントやらなければならない」）。こういう極端で柔軟性のないルールはトラブルのもとです。まるで拘束服のよう

表8　生きるためのルールを変える——書き留める項目

●自分のこれまでのルール	自分の言葉でルールを述べる。
●このルールは自分の人生に次のような影響を与えてきた	これまでのルールが自分にどんな影響を及ぼしたかをまとめる。
●ルールが働いていると感じる理由	自分のルールが作用していることを示す手がかりを書く(考え、感情、行動パターンなど)。
●自分がこのルールを持っていることが理解できる理由	自分のルールが育ち、強化されることにつながった経験をまとめる。
●それでも、このルールが不合理である理由	自分のルールが世間の常識とどう合わないかをまとめる。
●ルールを守った結果は？	ルールを守ることの利点と守らないことの危険をまとめる。それらがほんとうに正しいかどうかを見直す。
●ルールを守ることの害は？	ルールを守ることで生じる有害な副作用をまとめる。
●もっと現実的で役に立つルールは？	新しいルールを自分の言葉で書く。
●新しいルールを試すために必要なことは？	新しいルールを強化し、日々の生活で実践するための計画を書く。

に、動きの自由を奪い、私たちが変わることを拒むのです。

あなたの「最終結論」と「生きるためのルール」との関係

有害な生きるためのルールは、一見もっともらしい最終結論を克服する手段として、役に立っているようにも見えます。たとえば、心の奥底では自分は無能だと思っていても、いつも一生懸命頑張って、自分に高い目標基準を設定しているかぎりは、能力不足を乗り越えられ、自分はやれるのだという気になれます。あるいは、自分は魅力的でないと信じていても、面白い話をたくさん知っていてパーティの花形でいるかぎりは、誰にもそんなことは気づかれず、したがって、やはり自分は大丈夫だと思えるのです。

こういうルールは、たいていの場合、大きな成功を収めます。ただし、残念ながら、そこには基本的な問題が残ります。あなたが自分についてほんとうだと思っていること（あなたの最終結論）を、ルールは覆い隠してくれますが、隠すだけで、変えるわけではないのです。事実、ルールが成功すればするほど、あなたはルールが要求するものに応えるのがうまくなり、逆に、一歩下がって最終結論を点検し疑問視して、もっと広い視野に立って自分の真価を認めるチャンスは少なくなっていきます。したがって、最終結論はそのまま残り、いつも裏で待機していて、ルールが破られそうになるとたちまち表に出てくるのです。この仕組みがジェシーにどう作用したかを、次のページにまとめてみましょう。

表9　生きるためのルールと最終結論――ジェシーの場合

最終結論
私はもっと優秀であるべきだ。

↓

生きるためのルール
すべてきちんとできなければ人生で成功することはできない。
誰かに批判されたら、それは失敗したということだ。

↓

ポリシー
いつも完璧を目指す。
批判を受けないように、やれることはすべてやる。

↓

その利点
自分は非常にいい仕事をたくさんしているし、いい反応も得ている。

ただし――問題
心の奥底では、いまだに最終結論を
100パーセント信じている。
ルールを守っているから最終結論も表面には出ないが、なくなりはしない。

それに
どんなに一生懸命やっても、いつも完璧で
何の批判も受けないということは不可能だ。

↓

成功すればするほど不安になる。
いんちきをしているような気がする。
今にも綱渡りの綱から落ちそう。
何かうまくいかなかったり、誰かに少しでも否定的なことを言われたりすると、
落ち込み、たちまち最終結論が呼び覚まされる。

「生きるためのルール」とはどんなものか

ルールは経験によって習得される

有害なルールが正式に教えられることはめったになく、ほとんどが経験や観察を通して覚え込まれます。子供が、正式な文法を学ばなくても話せるようになるのと同じです。おとなになれば正しい文法で話しますが、特別な勉強をしないかぎり、自分が守っている文法のルールはまったく意識しないでしょう。それを言葉にして表現するのは、むずかしい、あるいは不可能なことです。

生きるためのルールには共通点があります。人はいつもそれに従って行動しているのに、言葉にして表現したことは一度もないということです。幼いころ、まだおとなの広い視野を持つ前に、世の中での身の処し方として心に決めたことだからでしょう。当時のあなたが持ちえた不完全な知識と狭い経験にもとづいているため、もう古くなっていて、今のあなたには合わないものかもしれません。

ルールは私たちが育った社会の文化そのもの

ルールは社会や家族の伝統そのものです。たとえば、性役割の固定観念。これは、社会が男性や女性のあるべき姿について生み出したルールです。それを、私たちはごく幼いときから吸収します。たとえ賛同していなくても、それに逆らうことはむずかしく、逆らおうとすれば、社会から非難されるという形で罰を受けるでしょう。女性の昇進がいまだにむずかしいのも、男性にも育児の役割を担わせようという運動があるのも、この例です。

個人のルールは、私たちが育った社会のルールを過激にしたようなものだと言っていいでしょう。たとえば、西欧社会では、自立とか功績といったものに高い価値がおかれます。これが個人になると、その社会的な圧力は「絶対人に頼ってはいけない」「トップでなければ敗者だ」となります。また、社会や文化のルールは変わっていくものであり、その変化は（家族を通して）個人のルールに影響を与えます。たとえばイギリスでは、「感情を表に出さない」ことが伝統的に高く評価されてきました。個人のレベルでは、「感情を出せば、女々《めめ》しいと笑われるだろう」「超然としているべきだ」となるでしょう。ところが最近では、ダイアナ妃のような人たちの影響で、傷つきやすさや感情をおおっぴらに表すことの大切さが強調されてきています。個人のルールでは、「自分の感情をさらけ出さなければ、厳しくて冷酷な人間だということになる」となるでしょうか。あなたがどんな環境で育ったにせよ、あなた個人のルールはおそらくあなたの家族だけでなく、育った社会の文化をも反映するものなのです。

あなたのルールはあなただけのもの

だから、あなたのルールはあなたと同じ文化のなかで育った人々のルールと共通するところが多いかもしれません。しかし、誰一人あなたと同じ人生経験をした人はいないはずです。あなたのルールはあなた特有のものです。

ルールはかたくなに変化を拒む

なぜなら、あなたの物の見方や、日々の出来事の解釈のし方が、ルールによって決められているからです。第二章で述べた認識や解釈のゆがみが、ルールを強化します。ルールに従っているかぎり、それがどんなに有害なものかには気づきません。

不要な予防策が、あなたの心配が当たっているかどうかを身をもって知るのを妨げることは、第四章で述べましたね。生きるためのルールも同じように、ただ、もっと広範囲に働きます。ジェシーの場合で言えば、高い水準の仕事に取り組みながら「一〇〇パーセントの出来」でなければならないと頑張るだけでなく、もっと広く、何をするにも完璧でなければならないと思ってしまうのです。ということは、彼の生まれ持った才能があれば、そんなプレッシャーを自分にかける必要はないということを発見するチャンスもないということです。

ルールは激しい感情につながる

ルールが破られたり、破られそうになったりすると、激しい感情がわきます。悲しむのではなく、落ち込んだり絶望したりします。むかつくのではなく激怒し、不安や心配ではなく、恐怖を覚えます。こういう激情こそ、ルールが作動している、あるいは最終結論が呼び覚まされようとしている徴候なのです。手がかりという意味では役に立ちます。ただ、その激しさゆえに、起こっていることを、一歩離れて冷静に観察することはむずかしくなるでしょう。

ルールは不条理である

不安な予測や自己批判的考えと同じように、生きるためのルールも、世の中の常識や、ふつうの人間に当然求められることとは合いません。ジェシーも、完璧であることや批判を受けないことがいつも可能とは限らないと認めたとき、このことに気づきます。

ルールは行き過ぎである

有害な生きるためのルールは、役に立つものは状況に応じて変わる、ということを認めようとしません。ある状況、また人生のある時期に通用したことが、ほかの状況や時期には通用しないということを認めないのです。それは「いつも、絶対、みんな、誰も、すべて、何も……ない」などの言葉に表されます。

また、ルールは絶対的なもので、あいまいであることを許しません。これも「……しなければならない」「……すべきだ」などの言葉に表されます。「……したほうが私のためだ」や「……のほうがいい」ではないのです。この白黒をはっきりさせる特質は、物事をもっと複雑な見方で見るような幅広い経験をする前の、ごく幼いときにできあがったという事実を示すものかもしれません。

ルールは低い自己評価を維持させる

ジェシーは、自分のルールが実際には不可能なことを要求していることに気づきました。自分には価値があるという感覚が、不可能なこと（完璧であること、いつも自分に起こることを完全に掌握していること）や、自分ではコントロールできないこと（誰にでも受け入れられ、好かれること）にかかっていたのです。これは、低い自己評価につながる有害なルールの特徴です。

人が自分を（高く）評価する根拠はさまざまあります。「若いこと」「美しいこと」「健康で元気であること」「金や地位があること」「成功を収めたこと」「優秀な子供がいること」……あげたらきりがありません。問題は、どれ一つとして保証がないということです。誰もが年を取り、ときには病気になり、傷つくこともあります。失業するかもしれないし、愛してくれる人がいないこともあるでしょうし、将来が不安になることもあります。どれもが脆く、いつなくなってしまうかわかりません。つまり、自分を高く評価するためにこういうものに頼っているとしたら、自己評価もまた脆いものになるということです。どんな状況にあっても、ただあるがままの自分として存在するだけで自分に満足していれば、はるかに強い立場に立つことができるのです。

あなたの「生きるためのルール」を突きとめる

何を突きとめたらいいのか

あなたが突きとめるのは、あなたが自分に何を期待するかを映し出す一般的なルールであり、理想の姿や理想の行動についてのあなたなりの基準であり、何が受け入れられ、何が許されないかを決めるあなたの意識であり、人生で成功し、満足のいく人間関係をつくるためには何が必要かについてのあなたの見解です。つまり、あなたが自分に満足するためには何をし、どうあるべきか、またあなたの自己評価が何にかかっているかを明らかにしようとしているのです。自己評価が低ければ、あなたの基準は要求過剰で非現実的な（ほかの人に求めるより高い）もののはずです。その影響を調べれば、そういう基準が自分を価値あるものと実感することを妨げるということもわかってくるでしょう。

ルールはどんな形をとるか

生きるためのルールはふつう、仮定、強制、価値判断という三つの形のどれかになります。

〈仮　定〉

第二章五九ページの「生きるためのルール」のリストには、仮定の例がたくさん出てきます。

●ブライオニー——人を近づければ、その人は私を傷つけ、利用するだろう。
●ジェシー——誰かに批判されたら、それは失敗したということだ。
●アラン——やり返さなければ生き残れない。
●ケイト——期待されることをすべてやらなければ、人に受け入れられないだろう。
●サラ——人に認めてもらえなければ、何をしても価値がない。

これらの仮定には、否定的な予測がはっきりと表れています。もしある行動をとれば（あるいは、とらなければ）、これこれこうなるであろうという考えが表現されているわけで、ここからすぐに、変えるための糸口がつかめます。この「もし……」を実際に試し、ほんとうに「……だ」という結果になるかどうかを見ればいいのです。不安な予測のところで学んだように、心配は杞憂にすぎないかもしれません。

〈強　制〉

●ブライオニー――誰にもほんとうの自分を見せてはならない。
●ジェフ――常に自分を強く抑制していなければならない。
●ジム――どんなことに遭遇してもうまく処理できなくてはいけない。

これらはたいてい、隠れた「さもなければ」につながります。この「さもなければ」を突きとめれば、正しくて有益な強制かどうか、実験によって試してみることができます。ブライオニーの場合、「さもなければ」は「自分がどんなに悪い人間かがわかってしまって、受け入れられないだろう」と続きます。ジェフの場合は「羽目を外して、すべてを台無しにしてしまうだろう」、ジムは「自分は弱虫だ」となります。

これらの例を見ると、「さもなければ」と最終結論は非常に近いことがわかるでしょう。事実、

「さもなければ、自分は不適格（愛らしくない、無能、醜い）ということになる」というぐあいに、「さもなければ」は最終結論を単刀直入に言い切ったものです。この場合、「……しなければならない」の部分は人が自分を評価する基準を言明したものとなります。

〈価値判断〉

これは、たとえば「間違えるなんてとんでもない」「拒絶されるのは耐えがたい」「物事を完全に掌握するのが肝要」などです。こういう形のルールを発見したら、それがあなたに突きつける要求をはっきりさせるために、慎重に自問する必要があります。「とんでもない」「耐えがたい」「肝要」というような表現が正確には何を意味するのか、考えてください。

- 間違いをしたら何が「とんでもない」のか。もし間違ったとして、どうなるのか。起こりうる最悪のこととは？　その結果はどうなるか。
- 「耐えがたい」とはどういう意味か。拒絶されたと想像して、どうなると予想されるか。どんな気持ちになると思うのか。耐えられないのはどのくらいの時間か。
- どの程度「肝要」なのか。物事を掌握しなかったら、何が起きるのか。掌握したら、どんな危険を免れるのか。掌握しなかったとして、起こりうる最悪の事態とは？　そのとき自分はどんな状態で、どんな人間になるか。それが自分の立場にどう影響するか。

ルールを突きとめるための情報源

あなたのルールを突きとめるために、さまざまな情報源を利用するといいでしょう。いくつかは以下にまとめてあります。

ルールはたくさんあるかもしれないことを頭においてください。突きとめたルールはすべてメモします。ただ、一度に一つずつ取り組んでいかないと、何をしているのかわからなくなってしまうかもしれません。まず、あなたがとくに変えたいと思っている分野（たとえば人間関係）に関連するルールから始めましょう。あなたが変えたいと思っているルールに代わるものを考え、実験もしてから、そこで学んだことを使って、次の、やはり変えたいと思っている有害なルールに取り組むのがいいでしょう。

有害な生きるためのルールを突きとめる――情報源

- 不安な予測や自己批判的考え
- いつも心を占めている関心事
- 自分自身やほかの人に下す判定
- 記憶、家族の言葉
- 逆の発想（自分が気分爽快になること）
- 下向き矢印法

不安な予測や自己批判的考え

あなた自身の不安な予測と自己批判的考えの記録をもう一度見てください。より広い問題を反映しているような予測はありませんか？　より一般的なルールを示している自己批判的考えはありませんか？

仕事を完成させようと必死だったジェシーが抱いた自己批判的考えは、「一〇〇パーセントの出来でなければならない」でした。ジェシーは熟慮の結果、この言葉はほかの多くの状況にも当てはまる――つまり、生きるためのルールだという結論に達しました。

いつも心を占めている関心事

不安な予測や自己批判的考えの記録シートに、生きるためのルールがそのまま載っていなくても、いつもあなたの心を占めている関心事はありませんか？

サラは不安な予測と自己批判的考えの記録から、自分が描いた絵を誰かが少しでも気に入らない素振りを見せたとき、自己嫌悪におちいることに気づきました。そこでよく考えた結果、ルールを突きとめました。「誰かが私を批判するとすれば、私にはどこか悪いところがあるのにちがいない」。

ジェシーは、活動日誌をつけたときに、達成度八以上でなければどんな活動も切り捨ててしまう傾向があることに気づきました。考えた結果、この中途半端を許さない考え方は、「一〇〇パーセントでなければ意味がない」という完璧主義のルールを反映したものだとわかったのです。

自分自身やほかの人に下す判定

自己批判的考えに注目してください。どんな状況にあるとき、自分はだめだと思いはじめますか？　自分のどんなところを批判しますか？　その批判は、あなたが自分に何を期待しているのかを教えてくれませんか？　あなたが自分に求める基準をゆるめたらどうなるでしょう。どんな困ったことになりますか？　自分を厳しくコントロールしなかったら、どうなりますか？　どんな人になるでしょう（愚か者、怠け者、利己主義者）。どんなことがあっても絶対許されない行為とは何ですか？　許されないあり方とは？

自分がほかの人のどんなところを批判するかも考えてください。どんな基準を満たすことを人に求めますか？　それは、あなたが自分に突きつける要求を反映するものかもしれません。たとえばジェシーの場合、昼休みをとったりふつうの時間に帰宅したりするのんきな仕事仲間に対して、いつもいらいらしている自分に気づきました。「この役立たずめ。いっそ来なくたっていいのに」と内心思ったりするのです。人に対するこの厳しい判定もまた、彼が自分に高い基準を設定している証拠となります。

記憶、家族の言葉

すでに述べたように、生きるためのルールは経験に根ざしています。根っこを探っていくと、幼いころの記憶や、育った家庭でよく言われていたことにたどり着くこともあります。

私が子供のころ、何かおねだりすると、よくこう突っぱねられたものです。「欲しいって言ってももらえないのよ」。ここから私は、欲しいと口に出したら欲しいものがもらえない、あるいは取り上げられる、という教訓を得たのです。失望しないためには欲しがらないほうがいい、素直に欲しいと言うのは得策ではない、と。「欲しいと言ってももらえない」には、実はまったく別の意味が込められていたと気づいたのは、ごく最近、自分の子供を持ってからです。「欲しいときは『(……して)ください』と言いなさい」、あるいはもっと広く「言葉づかいに気をつけて」という意味だったのです。そうだとわかっても、やはり私は欲しいものを素直に欲しいとはなかなか言えず、心から何かを欲しがることに不安を覚えてしまうのです。

幼児期や十代のころを思い出し、行儀についてどう言われ、どんな人間になりなさいと言われて、どんな解釈をしていたか、考えてみてください。子供のころ……

- 何をしなさい、あるいは、してはいけないと言われたか。
- それを守らなかったら、どんな結果になったか。それであなたはどんな人間になったか。あなたはどんな人間になると言われたか。ほかの人との関係や、あなたの将来についてどんなことをほのめかされたか。
- どんなことを批判され、罰せられ、あざけられたか。
- 目的が達成できなかったり期待に応えられなかったとき、何と言われ、何をされたか。
- 間違ったり、いたずらをしたり、学校の成績が悪かったとき、あなたの大切な人たちはどんな反応を示したか。

●何を褒められ、評価されたか。
●温かい言葉や愛情を注がれるためには、何をし、どうあらねばならなかったか。
●家族がよく言っていたことわざや言い回しがあるか（「用心に越したことはない」「蒔《ま》かぬ種《たね》は生えぬ」など）。

記憶を呼び覚ますために、もう一度あなたの記録を見て、繰り返し表れる感情や考えを拾い出してください。こう自問します。

●そういう感情を初めて持ったのは、あるいはそんなふうに考えたり振る舞ったりしている自分に気づいたのは、いつか。どんな状況だったか。
●自分を不安にさせたり、自己批判の引き金となったりするものを目にしたとき、過去の何かを思い出すか。誰の声や顔が心に浮かぶか。
●あることを期待されていると初めて気づいたのはいつか。また称賛や愛情を受けるのは、ただ自分が存在するからではなく、要求されたことに応えるかどうかによるのだと、初めて感じたのはいつか。
●どんな記憶やイメージ、言葉が心に浮かぶか。たとえば、ケイトの人を喜ばせたいという願いは、「悪い子にしてると、ママはもうあなたを愛せないわよ」と繰り返し母親に言われたことで強化された。

逆の発想（自分が気分爽快になること）

ことさら気分がいい状況にも、手がかりが隠されているかもしれません。それはおそらくあなたがルールを守り、すべきことをして、自分に満足するために必要な反応を人からもらえたからです。次のように自問してください。

- どうしてこんなに気分がよいのか。（ひどく落ち込むこともあるのに、それとは反対に）有頂天になるのはいつか。
- それが意味するものは？　どんなルールを守ったと考えられるか。どんな基準を満たしたのか。
- ほかの人のどんな資質や行動を心から称賛し、重視するか。そのことから、自分がどんな行動をとり、どんな人間であるべきだとされているかが、わからないか。

下向き矢印法

これは、もともとはうつ病を克服するための認知療法です。次のような段階を追っていきます（一九〇ページにジェシーの下向き矢印の例が出ているので参考にしてください）。

〈出発点〉

いつもあなたを動揺させ、自分はだめだと思わせる状況を考えてください（批判される、締め切りに間に合わない、チャンスから逃げる、など）。それは、生きるためのルールを破りそう、あるいはすでに破ってしまったために、あなたの最終結論が呼び覚まされてしまった状況です。まだ記憶に新しい最近の例を思い起こしてください。

〈詳細に〉

いちばん重要と思われる、そのときの感情をいちばんよく説明している考え、またはイメージを特定します。

〈下向き矢印〉

まずは自分に訊いてみてください。「それが正しいとして、それは自分にとって何を意味するか」と。答えがわかったら、また自分に訊いてみてください。「それが正しいとして、それは自分にとって何を意味するか」。これを繰り返します。このほかにもルールを突きとめるのに役立つかもしれない質問を、以下にまとめておきます。

下向き矢印の質問

- それが正しいとして、次にどうなるか。
- 起こるかもしれない最悪のこととは？　次にどうなるか。次は？
- このことの何がそんなに悪いのか。（「気分が落ち込むから」という答えでは役に立たない。「なぜ落ち込むのか」と考えること）。

- どうしてそれが自分にとって問題となるのか。
- その隠された意味とは？
- それは、自分がどう振る舞うべきかについて、何を語っているか。
- それは、自分に、またほかの人に期待することについて、何を語っているか。
- それは、自分に求める基準について、何を語っているか。
- それは、自分に満足するためにはどんな人間であるべきかについて、何を語っているか。
- それは、人に受け入れられ、認められ、好かれ、愛されるために何をし、どうあらねばならないかについて、何を語っているか。
- それは、成功するためには何をし、どうあらねばならないかについて、何を語っているか。

忘れてはならないのは、あなたは有害な生きるためのルールをたくさん持っているかもしれないということ。しかも、それはけっしてめずらしいことではないということです。

自分のルールがだいたいどんなものか感じがつかめたのに、それを言葉にしてみると、何か違う感じがするということがあるかもしれません。ルールは明言されないことが多く、初めのうちはぴったりした言葉になりにくいのです。「ぴんとくる」表現が見つかるまで、いろいろ試してみてください。仮定、強制、価値判断など、さまざまな形を試します。ふさわしい表現が見つかったときは、「そうだ、これだ！」とわかるものです。

図5　下向き矢印——ジェシーの場合

状況——会議で自分が答えられない質問をされた。
感情——不安、てれ、恥。
考え——きちんと答えられなければいけない。

↓

答えられないことは自分にとって何を意味するか。

↓

自分の仕事をきちんとやっていないということ。

↓

それがほんとうだとして、それは自分にとって何を意味するか。

↓

遅かれ早かれ、自分がこの仕事にふさわしい人材でないとみんなが気づくだろう。

↓

みんなが気づくとして、そのあとどうなるか。

↓

信用を失うだろう。降格させられるかもしれない。

↓

自分の仕事にとってこのことが暗に意味するものは？

↓

あらゆることに答えられなければならない。
何であれ、いつでも最良の答えを持っていなければならない。

↓

ということは、ルールは？

↓

すべてきちんとできなければ人生で成功することはできない。

「生きるためのルール」の影響を調べる

生きるためのルールは、不安な予測や自己批判的考えとは違います。特別な状況の特別なときに頭に浮かぶわけではなく、あらゆる状況、あらゆるときに、あなたの考え方や感じ方、行動に影響を及ぼします。

有害なルールを突きとめたら、今度は、それがあなたの人生に及ぼした影響を考えてみることが大切です。ルールを変えるときには、より現実的で役に立つ代わりのルールを考えるだけでなく、日々の生活に及ぼしつづけてきた影響も修正しなければならないのです。それには、ルールが及ぼす影響を知っておく必要があります。

まずは、あなたの生活を観察することから始めます。ルールはあなたの生活のどこに影響しているでしょう。対人関係ですか？　仕事や研究ですか？　余暇はどんなふうに過ごしますか？　自分にやさしくしていますか？　物事がうまくいかなかったとき、どんな反応を示しますか？　チャンスや難題にはどう対応しますか？　自分の感情を表現して、要求を満たしてもらうことはうまくできますか？　ルールが働いていることはどうしてわかりますか？　手がかりは何ですか？　特別な感情や、身体感覚や、考え方の傾向ですか？　行動（しそこなったことも含めて）ですか？　ほかの人の反応ですか？

次にこれまでのことを振り返ってみます。そのルールはあなたにどんな影響を与えましたか？

どんな不要な予防策をとることになりましたか？　そのルールのおかげで、何を失い、あるいは失いそうになりましたか？　自分を認めたり、人といっしょにくつろいだりする自由を奪われましたか？　あなたの楽しむ能力にどんな影響を及ぼしましたか？　これまでの章で行ってきた作業を振り返ってください。そこで観察したことのうち、どれくらいがこのルールで説明がつきますか？

突きとめたことを整理する

突きとめたことを整理してみましょう。

- 私のルールは——
- このルールが私の人生に与えた影響は——
- このルールがまだ生きているとわかる理由は——

数日間、とくにルールの働き方を観察してみるといいでしょう。ルールが働いた例を集め（おそらくすでに記録したことと酷似しているでしょうが）、ルールがどう影響し、ルールの働いていることがどうしたらわかるかを確認していきます。どんなルールかさえわかれば、それがあらゆるところに顔を出しているのがわかるでしょう。

ルールを変える

あなたの生きるためのルールがかなり前から働いていたとすれば、それは一朝一夕に変わるものではありません。でも、かならずすきはあります。どんなルールかがわかった今、今度はルールそのものに疑問を投げかけましょう。以下に有効な質問がまとめられ、そのあと詳しい説明がなされています。

あなたの目標は、自分に対してより現実的な基準を設定できるような、またあなたが人生で望むものを手に入れやすくなるような、そういう新しいルールを見つけることです。有害なルールがすでに二つ以上見つかっている場合は、いちばん変えたいルールから始めます。単語カードのようなものに、あなたの疑問の言葉と、新しいルールを試す計画を書いておくと便利かもしれません。

生きるためのルールを変える——有効な質問

- そのルールはどのようにして生まれたのか。
- そのルールのどこが妥当でないか。
- そのルールに従うことの利点は？
- そのルールに従うことの害は？
- どんなルールならもっと現実的で役に立つか。
- どうしたら新しいルールを日常的に実践できるか。

そのルールはどのようにして生まれたのか

まず、あなたのルールを整理し、それがどのようにして生まれ、どうして生きつづけてきたのかを理解することです。それこそが、ルールからあなたを引き離す第一歩なのです。次の質問をいつも頭においてください。

- 自分のルールに過去の経験がどの程度意味を持っているか。
- 過去の経験は自分の生き方の方針をどの程度説明しているか。
- 現在の自分の生き方を理解するのに、過去の経験はどの程度助けになるか。

もしわかれば、ルールにつながったあなたの経験を整理してみてください。ルールが働いていることを示す徴候に初めて気づいたのはいつか、思い出してください。そのルールはあなたの家族の文化に根ざしたものでしたか？　あるいはもっと広く、あなたが育った社会の文化に根ざすものでしたか？　それは、困った状況に対処する手段だったのですか？　子供のあなたが必要としていた愛情を確かなものにするための方法だったのですか？　学校の要求に対処する方法だったのですか？　からかわれたり馬鹿にされたりしないための手段だったのですか？

そのルールを存続させる力となったその後の経験も、考慮する必要があるかもしれません。たとえば、屈辱的な人間関係にはまってしまいませんでしたか？　口やかましかった両親に代わって、同じような態度をとる人がいませんでしたか？　あなたの生き方の方針や戦術を強化するような状況に、何度もおちいりませんでしたか？　ジェシーの場合、機嫌の悪い口うるさい上司と仕事をしたときに限って特定の問題が起きました。プレッシャーのなかでなんとか切り抜けようと、いつもに倍する努力をしたのです。

かつてはそのルールが意味を持っていた時期があったとしましょう。でも、おとなになった今、そのルールがあなたにふさわしいかどうか考えてみなければなりません。おそらくあなたもサンタクロースを信じたころがあったでしょう。子供のころは信じていたけれど、今は違う理解をしているはずです。あなたのルールも同じことかもしれません。それは今も必要な、あるいは有益なものですか？　それとも、今のあなたに合う新しいルールを見つけたほうが暮らしやすいでしょうか？

そのルールのどこが妥当でないか

有害な生きるためのルールは、極端な要求を突きつけてきますから、その意味で現実から遊離し、さまざまな豊かな経験ができることを認めようとしません。おとなになった今、あなたのルールがどの点で世の中の常識とかけ離れているかを考えてください。完璧でないふつうの人間にとって、現実的に可能なことや、敬愛する人に対してあなたが期待する範囲から、どのくらい外れていますか？　ルールが要求するものは、どんなところが極端で、満たすのがむずかしいですか？

忘れてならないのは、ルールは子供のころのあなたがあなた自身と結んだ契約だということです。今のあなたなら、子供にあなたと同じ人生を歩ませたいと思いますか？　なぜ思わないのですか？

子供のころにはわからなかったことで、おとなになった今ならわかることとは何ですか?

そのルールに従うことの利点は?

どんなに有害なものでも、生きるためのルールを守ればたしかに報われることはあります。だからこそ、ルールは生きつづけるのです。たとえばジェシーの場合、自分に高い目標基準を設定することが質の高い仕事をするための動機付けとなったのは、その結果、尊敬と称賛を受け、それがキャリアにつながったからで、そういうものを彼は失いたくなかったのです。

あなたのルールの利点を明確にしておくことが大事です。代わりのルールは、これまでのルールの弊害だけを取り除いて利点はそのまま残したものでないと、当然のことながら、従来のルールを手放す気になれないからです。

あなたのルールの利点をリストにしてください。どんないいことがありますか? どんな役に立ちますか? 万一そのルールを無視したら、どんな心配が頭をもたげてきますか? ジェシーも、自分が完璧主義を捨ててしまったら、仕事をきちんとやり遂げることはできないのではないかと考えました。かならず人から認められると保証してくれるのは、完璧主義しかないように思われたのです。

利点をすべてリストアップしたら、注意して見てください。見かけ倒しのものがあるかもしれません。たとえば、いつもほかの人を優先させなければならないというルールは、純粋に人の役に立つかもしれないし、人もあなたにやさしく接してくれる結果になるかもしれませんが、そこには否定的な面もあります。あなた自身の要求は満たされず、その結果怒りや疲れがたまり、結局、人のことを考えられるような状態ではなくなるかもしれないのです。

ジェシーは考えた結果、自分の質の高い仕事が、実際はかならずしも人に認められるとは限らないことに気づきました。ときには追い詰められ緊張して、人を寄せつけない雰囲気をつくりだし、傲慢な人だと思われたこともあったのです。

そのルールに従うことの害は?

今度はルールの否定的な面を考えます。ルールはどんなふうにあなたのチャンスを狭め、楽しみを奪い、人間関係に悪影響を及ぼし、達成感を低下させ、人生で望むものを手に入れる邪魔をしていますか? あなたの人生の目標をリストアップしてみてください(たとえば、満足のいくキャリアを積む、自分のすることに喜びを感じる、人前でもリラックスして堂々としていられる、あらゆる経験を大切にする、など)。次に自分に訊いてみてください。ルールはこれらの目標を達成する役に立ったか、人生に望むものを得るための最良の戦略だったか、実際は邪魔をしているのではないか、と。

どんなルールならもっと現実的で役に立つか

新しいルールは日常の体験を一変させてしまうかもしれません。以前なら、ルールを破って不安や自己批判を引き起こしていたであろう状況にも、自信をもって気分よく対処できるようになります。以前ならとてつもない悲劇と感じられたようなことも、一時的な不便くらいですんでしまいます。命にかかわる大問題と思えたことが、わくわくするような挑戦のチャンスとなります。新しいルールは、人生で望むことを達成するためのドアを開いてくれるのです。

発想を切り換えるには、あなたのルールを誰かに勧めたいと思うかどうか、考えてみるといいでしょう。あなたのルールを子供たちに受け継がせたいですか？　受け継がせたくないとしたら、どんなルールを持たせたいですか？

ここであなたがすべきことは、できるだけ利点を残して弊害を取り除いた、新しいルールを見つけることです。おそらく新しいルールはもっと柔軟で現実的で、状況の変化を考慮に入れ、「そういう人もいる、そういうときもある」という見地に立つものとなるでしょう。極端よりは中庸。したがって、「……しなければならない」「……すべき」「もし……ならひどいことになる」ではなく、「……したい」「……のほうがいい」「……しても大丈夫」という表現になります。たとえばジェシーは、「誰かに批判されたら、それは失敗したということだ」を、「誰かに批判されても、それが正しいかどうかはわからない。もし批判に値するようなことをしたとしても、それは失敗というより、人間とは過ちを犯すものだということであり、何ら悪いことではない」に変えました。

この例は、新しいルールの典型的な特徴を示しています。これまでのものより長く、込み入った表現になるということです。世の中の動きをより深いところで理解し、状況の変化を考慮に入れるおとなの能力を基盤にしていることの表れでしょう。ただし、短い言葉で本質を捉えたものも、ときにはいいものです。「大きなことをする人だけが、大きな人になれるわけではない」のように。

初めのうちは、心にぴったり合う代わりのルールを見つけるのはむずかしいでしょう。いちばんよさそうなものをメモし、あなたのためになるかどうか、改良の余地がないかどうか、一、二週間試してみてください。対話を通して人を観察してみるのもいいでしょう。ほかの人はどんなルールを持っていると思いますか？　人がさまざまな見解や姿勢を持っていることが観察できれば、自分にはどんなものがいちばん合っているかがはっきりするかもしれません。

どうしたら新しいルールを日常的に実践できるか

これまでのルールが長いあいだ働いていたのに対して、新しいルールは生まれて間もないのですから、違和感がなくなるまでしばらくかかるかもしれません。新しいルールを確立し、それがどうあなたの役に立つのかを調べ、日常的に実践するための計画を立てる――そのためには何をすべきか、考える必要があります。結局は、これまでしてきたように、実験して結果を調べ、身をもって真実を知ることです。

学習したことを整理し、強化する

書いてまとめる

あなたの「まとめ」をつくってください。二〇三～二〇五ページにジェシーの「まとめ」の例が出ています。

肯定的な資質のリストや肯定ノートと同じで、ただまとめただけでは十分ではありません。疑問の言葉や新しいルールを毎日意識し直すことが、あなたの感情や考えに影響し、問題となる状況に直面したときのあなたの行動に作用する可能性を高めます。まとめが完了したら、数週間はすぐ目につくところにおいて、初めは少なくとも一日に一回、じっくり読んでください。起きてすぐなら、一日の心構えになるし、寝る直前なら、一日の出来事を反省し、何か結果が出たか考えることができます。

目標は、新しいルールがあなたの心に書き込まれ、しまいには新しいルールに従って行動することが第二の天性のようになることです。この域に到達するまで、「まとめ」を読むことを習慣にしてください。

カード

もう一つ、財布やハンドバッグに入れて持ち歩ける大きさの固いカードに、新しいルールを書いておくという手があります。一息ついたときや、問題が起こりそうな状況に入る前などに、取り出してじっくりと読み、改めて新しい戦略を思い起こしてみるといいでしょう。

捨てたはずのルールに対処する

代わりのルールを見つけて実践しはじめても、状況によって、まだしばらくは捨てたはずのルールが頭をもたげてくるかもしれません。でも、心の準備ができていれば、古いルールが頭をもたげてきても、怖じ気づいたりせずに落ち着いて対処できるはずです。ここでも、不安な予測や自己批判的考えに対して行った作業が、役に立ってくれることでしょう。不安な予測や自己批判的考えに疑問を呈し、それに代わるものを見つけ、さまざまな行動で試してみた、あのスキルを使いつづけてください。

新しいルールを試す

新しいルールに従って行動し、その結果を観察するための明確な行動プランをつくる必要があります。

このプランには、漠然とした方針ではなく、具体的にどう変えていくかを盛り込むことです。「もっと積極的に」ではなく、たとえば「必要なときには助けを求める」「反対ならノーと言う」「頼まれたことが大きな負担になりそうなときは断わる」「よく知っている人には自分の考えを包み隠さず伝え、感情をさらけ出す」などとします。次に、これらのことをどうやって実践したらいいかを考えます。たとえば活動日誌を使って計画を立ててもいいでしょう。

また、試してみた結果を評価する方法も、きちんとわきまえておく必要があります。何に注目したらいいか。新しいルールが成果をあげている(あるいは、あげていない)ことを示すサインは何か。新しいルールが働いている(あるいは、働いていない)としたら、あなた自身にどのような変化(感情の変化、体調の変化、態度の変化)が表れるのか。人の反応に何を見るか。ここでも、ごく具体的に考えなければなりません。

新しいルールに従って行動することを、初めのうちは不快に感じても、驚くにはあたりません。実際に試してみる前にも、ひどく不安になったりするかもしれません。もしそうなら、どんなことを予測しているのかを明確にし、実験する際に検証してみてください（不要な予防策はとらないこと。そうでないと、必要な情報は得られません）。また、たとえ実験がうまくいったとしても、その後に罪悪感を持ったり不安になったりするかもしれません。これは、自分を犠牲にしないというルールを実地に試したり、「一一〇パーセントでなければならない」から「及第点ならいい」に基準を下げる実験をしている人によくあることです。また、実験を計画していながら、怖じ気づいてやめてしまった場合、自分に怒りを覚えたり自己批判的になったりするかもしれません。そういう不快な感情を抱いたときも、すでに習得したスキルを使ってその裏に隠れた考えを突きとめ、対処してください。

覚悟を決める

新しいルールがしっかり定着するには、六カ月から八カ月もかかることがあります。でも、新しいルールがあなたの役に立ち、あなたをいい方向に向かわせてくれるのなら、あきらめないでください。常にどこまで進歩したかをチェックし、目標を定め直すといいでしょう。実験とその結果の記録、またその途中で闘ってきた有害な考えの記録をつけていれば、進歩していくようすがわかるでしょう。達成できたことを振り返り、それを励みにすることもできます。

ルールを変える（まとめ）――ジェシーの場合

●これまでの私のルールは――

すべてきちんとできなければ人生で成功することはできない。

●このルールが私の人生に与えた影響は――

いつも自分は適任ではない、能力不足だと感じてきた。そのために大変な努力を強いられ、その結果、常にプレッシャーと緊張とストレスにさらされてきた。それが人間関係にも影響した。人づきあいに十分な時間をとれなかったために、いつもうまくいかなかった。体を壊したこともある。期待に添えないと思ってチャンスから逃げたこともある。

●このルールがまだ生きているとわかる理由は――

失敗を恐れ、どんどんプレッシャーが大きくなる。過度に神経質になり、正確を期して一字一句にまでこだわる。不安のあまり気分が悪くなる。ルールを破ったと考えると、激しく自己批判し、落ち込んで、すっかりあきらめてしまう。

●自分がこのルールを持つに至ったことは理解できる。なぜなら――

子供のころ、父親は自分の人生に失望し、子供たちには能力を最大限に活かしてほしいと強く思うようになった。われわれ子供たちを励ましたり褒めたりするのではなく、私たちが父の思うとおりにできなければ私たちは無能なのだというメッセージを与えつづけた。そのメッセージは私たちの心に定着し、私はそれを払拭しようと、完璧主義者になった。

●しかし、このルールは妥当ではない。なぜなら――

いつでもきちんとやりおおせるというのは、人間には不可能だ。失敗し、間違いを犯すことも、学習や成長には欠かせない要素である。

●このルールに従うことの利点は――
ときには素晴らしい成果をあげて称賛されることもある。それは私が立派なキャリアを積んできた理由の一つではある。人から尊敬もされている。きちんとできたときは実に誇らしい気持ちになる。

●このルールに従うことの害は――
常に緊張している。仕事に対しても緊張するから、あげるべき成果をあげられないこともある。失敗するとひどく動揺して、そこから学ぶことができない。建設的な批判からも学ぶことができない。うまくいかないと、落ち込んでなかなか立ち直れない。きちんとできないかもしれないことはすべて避けてしまうために、さまざまなチャンスを逃してしまう。人は私に敬意を抱いてくれるかもしれないが、そのために距離ができてしまう。私はいささか近寄りがたい――傲慢でさえあると見られている。自分で自分にプレッシャーをかけ、そのために健康まで害してしまう。そのうえ、自分の時間も関心もすべて仕事に向けてしまって、リラックスしたり楽しんだりすることを自分に許せない。結局このルールは、あらゆる領域で、ストレスと不安と精神的な苦痛につながっている。

●より現実的で有益なルールとは――
成功するのは楽しい。ただ、人間である以上、ときには失敗もする。失敗も成長するためには必要な過程である。

●この新しいルールを試すために必要なことは――
・この「まとめ」をいつも読む。
・新しいルールをカードに書いて、一日数回読む。
・仕事の時間を減らして、娯楽や人づきあいの計画を立てる。
・自分の目標基準を修正して、完璧にできなかったことも認めてやる。

・たとえば、質問されたら「わからない」と答えてみて、その結果を観察する。
・一日の予定を立てる。いつも自分ができると思う水準以下の計画を立てる。
・できなかったことではなく、できたことを考える。明日は明日の風が吹く。
・批判も役に立つということを忘れない。批判されたからといって失敗したことにはならない。
・ストレスの徴候に気をつける。これまでのやり方に戻りつつあることを示すものだから。
・古いルールが頭をもたげたら、不安な予測や自己批判的考えへの対処法として覚えたスキルを使って、対処する。

第七章のまとめ

❶ 自己評価が低いと、有害な生きるためのルールが、望むものを手に入れることを阻み、あるがままの自分を受け入れる邪魔となる。

❷ ルールは経験と観察を通して習得される。それはまた、私たちが育った場所の文化そのものであり、ふつう家族によって伝えられる。

❸ 有益なルールも多い。が、低い自己評価につながる有害なルールは、かたくなで、極端で、過大な要求を突きつけ、自由を束縛し、変化や成長をむずかしくする。あるいは不可能にする。

❹ ルールは、一見もっともらしい最終結論に対抗する手段ではあるが、ただし、それを変えようとするものではない。それどころか、最終結論の存続を助ける。

❺ 有害なルールは、それを特定し、変えることができる。もっと現実的で有益な新しいルールをつくって、自分に合うかどうか試してみることができる。

第八章◆「最終結論」を突き崩す

はじめに

ここまでであなたは、低い自己評価の核となる、自分に対する否定的な見解（つまりあなたの最終結論）と闘う基礎ができたことになります。

すでに、最終結論が日常生活に及ぼす影響は減ってきているはずです。もしかしたらあなたの自分に対する見解も、同じように変わってきているかもしれませんね。最終結論との直接対決はまだなのに、あなたの最終結論は今までのような説得力を持たなくなっているかもしれません。

いったん低い自己評価を支える悪循環を断ち切って、より現実的な生きるためのルールに従うようになると、低い自己評価の問題はかなりの程度まで解決していると気づく人がいます。一方で、考えや態度を日々具体的に変えるだけでは、確立されてしまった否定的見解はなかなか変えられないと感じる人もいます。どんな人にとっても、この章はこれまで学んだことを強化し、最終結論に対抗する助けとなってくれることでしょう。もっと自分を認める寛大な見方ができるようにし、これまでの作業を踏まえて、ありのままの自分を受け入れることを目指すあなたの旅の最終段階を手助けするのが、この章の目標です。その最終段階とは——

- これまでのあなたの否定的な最終結論を突きとめる。
- より肯定的な、新しい最終結論をつくる。
- これまでの最終結論が正しいことを裏付ける証拠としてきたものを洗い直し、別の解釈を探す。
- 新しい最終結論に合致し、これまでの最終結論とは矛盾する証拠を探す。
- 新しい最終結論を強化するような実験を考える。

あなたの「最終結論」を突きとめる

ここまで読み進んでくれれば、すでに自分の最終結論がどんなものかは、かなりはっきりつかめているかもしれません。ここでは、最終結論を突きとめるためのいくつかの情報源を、一つずつ順に考えていきます。それぞれが少しずつ違う見方を与えてくれるので、最終結論に対するイメージがだんだん鮮明になってくるはずです。

最終結論が二つ以上あることもめずらしくありません。その場合は、まず最も重要と思われる最終結論、つまり最も変えたい最終結論を選んで、この章の説明に従って取り組みます。そこで習得したことを使って、次に変えたいと思う否定的な見解に取り組みます（自分に対する否定的見解だけでなく、ほかの人や、世の中全般や、人生に対して抱いている有害な否定的見解も変えることができます）。

まず、情報源について考えていくうちに最終結論について思いついたことを、すべてメモします。はっきりつかめたと思ったら、「私の最終結論――『私は……だ』」という形にまとめます。この章の終わりに説明されている「最終結論を突き崩す　まとめシート」（二四二～二四三ページ）を参考にするといいでしょう。次に、不安な予測や自己批判的考えと同じように、その最終結論をどれくらい信じるか、パーセンテージで表します。一〇〇パーセントなら、あなたはまだ疑いの余地なくその最終結論を確信しているということであり、五〇パーセントなら半信半疑、五パーセントならほとんど信じていないということです。

最終結論を信じる度合が一定していない場合があるかもしれません。そんなときは、信じる度合が最高のときと最低のときの数字を、両方書きます。また、ここまで取り組んできたことから、最終結論を信じる度合が変わってきたことにも気づくかもしれません。そんなときは、この本を読みはじめる前と今の、最終結論を信じる度合を書いてください。変わってきた原因も考えます。不安に思っていたことに向き合ってみて、最悪の事態にはならないことを知ったからでしょうか。自己批判的考えの罠から解放されるようになったからでしょうか。自分の長所やいいところに注目する努力をし、人生の素晴らしさを味わうに値する人間として自分を扱いはじめたからでしょうか。新しい生きるためのルールをつくって実践したからでしょうか。たぶん、これらのいくつかが組み合わさったものでしょう。変わってきた原因を突きとめることができれば、自己評価を高める努力を続けるためには何が必要か、わかってくるはずです。

次に、しばらく最終結論に注意を集中し、どんな感情がわくか観察してください。悲しみ、怒り、罪悪感など、わいてくる感情を書き、その強さの度合を〇から一〇〇までの数字で表します。ここでもやはり変化に気づくかもしれません。最終結論が以前の説得力を失っているなら、それに注目したときのあなたの苦しみも弱くなっていて当然でしょう。

「最終結論」を突きとめるための情報源

最終結論を突きとめるための情報源

- 生まれてからこれまでのこと
- 予測に表れた不安
- 自己批判的考え
- 自分の長所に目を向けることや、人生の素晴らしさを味わうに値する人間として自分を扱うことをむずかしくさせる考え
- 生きるためのルールを破ったとして、想像される結果
- 下向き矢印法

生まれてからこれまでのこと

第二章に出てくる人たちの話のなかで、あなたにも当てはまることがありましたか？　まったく同じではなくても、子供のころに起こったことを思い出し、それが自分に対する感情に与えた影響を思い起こしたりしましたか？　その思い出を手がかりとして、あなたの最終結論を明らかにすることができます。とくに考えてほしいのは次のようなことです。

●幼いころのどんな経験で、自分はだめだと思ったか。子供時代や思春期のどんな出来事から、自分は人間として何か欠けていると思うようになったか。

●そういう感情を初めて持ったのはいつか。そのことで何か特別な思い出があるか。ブライオニーのように、自分に対する感情がはっきり築かれることになった出来事を思い出すことができるかもしれない。あるいはサラのように、一つの出来事ではなく、思いやりの欠如、非難や批判、愛情不足、一人浮き上がっているなど、いつもあなたを取りまいている雰囲気のせいで、自分に対する否定的な思いが築かれる場合もある。

●自分を批判的に見るとき、誰の声が聞こえてくるか。誰の顔が浮かんでくるか。その人（たち）は、あなたがどんな人間だというメッセージを送ってきたか。

●人に気に入られなかったり批判されたりするとき、あなたはどういう人間だと言われたか。人に言われた言葉が、そのまま自分の言葉になっているかもしれない。

予測に表れた不安

不安な予測のことを思い返してください。あなたの恐れや心配、自分を守るためにとった不要な予防策が、あなたの最終結論の手がかりを与えてくれるかもしれません。

●恐れていた最悪の事態におちいったと仮定して、それは人間としてのあなたについて何を暗示しているか。ケイトの場合は、もし立て替えた金を返してと言ったら、自分がケチで、しつこくて、かわいくない人間ということになるだろうと感じた。

●不要な予防策についてはどうか。とくにあなたの不安が、人が自分をどう見るかということにあるなら、予防策はほんとうの自分を隠そうとするものだったはず。どんな「ほんとうの自分」なのか。自分を隠す予防策を講じなければ、どんな人間があらわになると恐れたのか。

自己批判的考え

自己批判的考えは、あなたの最終結論をそのまま映し出すものかもしれません。

●自己批判的になったとき、自分をどんな言葉で言い表すか。どんなふうに自分を罵るか。反射的に自分に投げつける言葉に決まったパターンがあるか。あなたの自己批判的考えは、自分に対するどんな否定的な見解を反映しているか。

●自分に投げつける言葉は、子供のころ人に言われたのと似た言葉か。もしそうなら、その言葉は子供のころに定着したもので、それ以来、自分に対して持ちつづけている見解を反映するものかもしれない。

●自己批判を引き起こすようなことをしてしまうとき、それはあなたという人間について何を暗示するか。どんな人間がそういうことをするのか。たとえばジムは、自分の感情を鎮められないのは、自分が神経症の敗残者だからだと考えた。

自分の長所に目を向けることや、
人生の素晴らしさを味わうに値する人間として自分を扱うことをむずかしくさせる考え

あなたの長所をリストアップして、その長所がどこに表れているかを観察しようとしているとき、また、自分が達成したことを誇りに思い、自分にやさしくしようとしているときに、疑念や消極的な気持ちがわいてきましたか？　長所に目を向ける作業がスムーズに進まなかったとすれば、それはあなたの心を占領する否定的見方とは相いれないものだということを示しているのかもしれません。ジェシーも、自分の業績を誇りに思うことをためらったり、くつろぎの時間を持つ気持ちになれなかったりするのは、自分はもっと頑張らなくていけないという思い込みを映すものだと、思いつきました。

●自分の肯定的な面をほんとうの自分として受け入れるのをためらわせるのは、どんな考えか。

●自分のいい点をどんなふうに否定し、無視したか。
●自分の業績を誇りに思ったり、くつろぎや娯楽を自分に許したりすることに対して、自分でどんな異議を唱えたか。
●そういう疑念や躊躇や否定は、自分に対するどんな見解を反映しているか。

生きるためのルールを破ったとして、想像される結果

生きるためのルールの「もし……なら」に続く帰結の文こそ、最終結論をそのまま表す言葉だと言えるでしょう。突きとめたルールに戻って、それを破ったらどんな結果になるか考えてください。

●もし生きるためのルールを破ったら、それはあなたという人間について何を語るか。
●どんな人間が間違いを犯し、周囲のすべての人から称賛や好意や愛を得ることに失敗し、自分の感情をコントロールできないのか。
●もしあなたのルールが「……でなければならない」だとしたら、そこに隠された「さもなければ……」は、あなたという人間を映し出しているか（たとえば「常に建設的なことに取り組んでいなければならない」なら、「さもなければ私は怠け者だ」と続くはず）。

下向き矢印法

最終結論を特定するのに「下向き矢印法」を使うという手もあります。

図6　下向き矢印（最終結論を特定する）――ブライオニーの場合

状況――新しい友達が電話すると約束したのに、かけてこなかった。
感情――吐き気がするほどの動揺、失望。
考え――彼は忘れているのだ。

↓

それがほんとうだとして、自分についてどんなことを意味するか。

↓

自分には思い出してもらう価値もない。

↓

それは自分について何を教えてくれるか。

↓

彼はほんとうの私を見て、逃げ出したのだ。

↓

逃げたのだとして、彼は何を見たのか。

↓

彼の気に入らないことを。

↓

それは何か。彼は何が気に入らないのか。

↓

好かれるに値しない、ほんとうの私。

↓

それがほんとうだとして、自分という人間についてそれは何を語っているか。

↓

私は悪い人間だ。

あなたの最終結論、つまり自分を総括する言葉「私は……だ」を突きとめるわけですが、これは広くどんな状況にも当てはまるものでなければなりません。特定の場合にだけ通用するような、特定の自己批判的考えではありません。最終結論とは、以前からさまざまな状況において自分に対して抱いてきた意見のことです。自分をだめな人間だと感じるさまざまな状況を手がかりにしてください。前のページに、ブライオニーの下向き矢印の例があげてあります。

より肯定的で現実的な「新しい最終結論」をつくる

最終結論を突きとめたらすぐ、もっと肯定的で現実的な代わりのものを見つける作業に入ることが大切です。そう、突きとめた最終結論についてじっくり考えたり突き崩そうとしたりする前に、です。なぜならあなたは、おそらく低い自己評価を存続させる記憶や考えのゆがみから、最終結論を裏付ける証拠だと思い込んでいる経験を山ほど貯め込んできたにちがいないからです。好きなときに「古い最終結論の口座」を呼び出しては、預金を増やしたり、いくらか引き出して、金勘定にひたる守銭奴のように、くよくよ頭のなかでいじり回したりできるからです。

一方、新しい最終結論のほうには口座もありません。あったとしてもほとんど空っぽで、口座番号や暗証番号はしじゅう忘れます。ということは、新しい最終結論を預ける、安全で確実で長続きする場所はどこにもないということです。

新しい最終結論を見つけるということは、あなたのために口座を開くということです。古い最終結論の反証となり、新しいやさしい見方を支える経験を貯めておける場所をつくるということです。自分の肯定的な面を安全にしまっておける、そして必要なときにはちゃんと引き出せる場所を、持つということです。

もう一つたとえをあげるなら、あなたは今、あなたを嫌っていて、あなたを落ち込ませる人たちの名前と連絡先だけを書いたアドレス帳を持っているようなものです。あなたを気に入って心配してくれる人や、尊敬してくれる人の欄はありません。もし、人があなたに対してどんな感じを抱くかについてバランスのとれた見方がしたいと思うなら、まずは、あなたの味方になってくれる人たちのアドレス帳をつくることから始めなければならないでしょう。

あなたが記録に残してきた、素質や長所や才能や技能を考えてください。それらはあなたの古い最終結論に合致していますか？ それとも、最終結論は現状に合わせて変えなければならないと思いますか？ あなたのいいところや価値を説明できていない、ゆがんだ不公平な見方だと思いますか？ どんな見方なら、あなたが記録に書きつけたことすべてをうまく説明してくれるものになるでしょう。あなたもほかの人と同じように、完璧な人間ではなく、短所や欠点もありながら、長所も優れたところもあると認めてくれるのは、どんな新しい最終結論でしょう。

ここではあなたは裁判官や陪審員であって、検察官ではありません。あらゆる証拠を考慮するのが仕事であって、被告に不利な証拠だけを取り上げてはならないのです。

新しい最終結論がだいたい決まったら、メモします。そして、それを信じる度合を数値に表します。その際、今のことだけではなく、低い自己評価を高める取り組みが始まる前と後とでは、信じる度合がどのくらい変わってきたかも書いてください。それからしばらくそこに注意を集中し、どんな感情が、どのくらいの強さでわいてくるかを見ます。この章の作業を進めながら、ときどき「最終結論を突き崩す　まとめシート」に立ち返って、新しい最終結論を支え強化する証拠に注目し、それを信じる度合がどう変わるかを観察します。

新しい最終結論がどういうものになるにせよ、大事なのは、新しい最終結論が、あなた自身が納得できる見方を反映していなければならないということです。それが、結局はあなたの自分に対する感じ方を変え、あなたの肯定的な面に気づいて尊重できるような、自分の経験に対する新しい見方ができるチャンスとなるからです。そのことを踏まえて、あとは自分の言葉で表現すればいいのです。

でも、甘く見るのは禁物です。低い自己評価が長いあいだ居すわっていて、自分を高く評価することが強いタブーであるような場合、そのタブーに打ち勝つのは容易なことではありません。ほとんど何も浮かばないまま長い時が過ぎていくかもしれません。

そんなときは、こう自分に問うてみるといいでしょう。「もし私が……（これまでの最終結論）でないなら、どうありたいか」と。この質問に答えが出るなら、たとえ頭で考えただけの答えのようでも、書いてみてください。今はまだまったく説得力のないものでも、新しい見方を裏付ける証拠集めの出発点となるでしょう。作業を進めていけば、だんだん説得力を持つようになってくるかもしれません。

このとき、自分を高く評価するなんてはしたない、という考えが浮上してくるかもしれません。

でも、忘れないでください。人間らしい弱さや欠点を忘れ、変えたい、あるいは改善したい面を忘れ、そんなものは存在しないふりをしろと言っているわけではないのです。この本は、前向き思考の力を説く本でもないし、非現実的なほど自分に対して肯定的になりなさいと言っているのでもありません。あなたの弱点や欠点を、人間一般に対する好意的な見方のなかに組み込んで、「完璧」よりは「及第点」を目指すよう後押しする見方、バランスのとれたゆがみのない見方を獲得するための本なのです。

一〇〇パーセント愛らしかったり、一〇〇パーセント有能だったり、一〇〇パーセント価値があったり、一〇〇パーセント知性的であったり、一〇〇パーセント魅力的であるような人間に、あなたがなるとは思えません。そもそも、いったいなぜ人類のなかでたった一人、そんな人間になる必要があるでしょう。これまでしてきた、そしてこれからする作業は、あなたの欠点や弱点を、あなたの価値を測る材料にするのではなく、ただあなたという人間の一部として認めることを目標にしているのです。弱点や欠点とともに生きるのも、それを変えたいと思うのも、あなた次第です。

あなたの「最終結論」を突き崩す

自分に対する否定的な思い込みは、経験にもとづいています。過去に自分に起こったことを理解しようとするところからきています。その思い込みを存続させる記憶や考えのゆがみがあるかぎり、過去を振り返れば、思い込みが正しいことを立証しているように見える「証拠」を、あなたは次々に見つけてしまうでしょう。この「証拠」を吟味すること、そしてそれについて別の説明を探すことが、自己評価を高めるための次のステップとなります。いつも頭においておく大事な質問は、次のとおりです。

- 最終結論の「証拠」とは何か。
- その「証拠」に別の解釈はできないか。

あなたの「最終結論」の「証拠」とは何か

証拠にかぎ括弧をつけたのは、これまでの最終結論を支えてきたさまざまな経験には、実はまったく別の解釈が可能かもしれないことを示すためです。よく見れば、あなたにとって悪い経験ではないことがわかったりするかもしれません。まずは、あなたが証拠だと思ってきた経験を突きとめることです。

しばらくあなたの最終結論のことを考えてください。過去の、または現在の、どんな経験が頭に浮かびますか？　どんな出来事が最終結論を支えていると思いますか？　どんな経験があなたに、自分は力不足だ、好ましくない、無能だなどと、あなたの最終結論となることを言わせるのですか？　何があなたをそのような否定的結論に至らせるのでしょう。

「証拠」は人によってさまざまです。たいていは、第二章に出てきた人たちのように、過去の人間関係や経験が「証拠」となります。比較的最近の出来事の場合もあります。よくある「証拠」の出所が次にまとめられています。思い当たるものがあるかどうか見てください。突きとめた「証拠」はすべてメモします。次に、一歩下がって、その「証拠」を詳しく検討します。よく考えてください。それでも自分に対する否定的見解の裏付けとなりますか？　それとも違う見方ができますか？

これまでの最終結論を裏付ける「証拠」の出所

- 現在の窮状と精神状態
- 自力で処理できないという経験や事態
- 過去の過ちや失敗
- 欠点や欠陥
- 身体的あるいは気質的特徴
- 自分とほかの人との違い
- 過去または現在の、ほかの人のあなたへの態度
- 自分が責任を感じているほかの人の行為
- 自己評価の根拠が崩れる体験

現在の窮状と精神状態

ブライオニーはあるときひどく落ち込んでしまいました。無気力になって、何をする気にもなれません。それを彼女は、自分が怠け者だからだと思い込みました。気分がよくなれば消えてしまう

よくある一時的な状態とは思わず、悪い人間であることのもう一つの証拠だと考えたのです。

自力で処理できないという経験や事態

誰かの助けを求めることができないジムの場合がこれにあたります。人と協力し合うことを、事をうまく運ぶための知恵と考えるのではなく、自力で処理できないことを弱さの証拠と見たのです。

過去の過ちや失敗

人間とは弱いもので、後悔するようなことなしに人生を送ることは不可能です。誰もがときにはわがままだったり、思いやりがなかったり、怒りっぽかったり、近視眼的だったり、ちょっぴり嘘つきだったりします。誰もが安易な道を選び、間違いをしでかし、難題を避け、目的達成に失敗します。そういう当たり前の人間の弱点が、自己評価の低い人にはしばしば、またしても自分の根本的な欠陥を表すものと見えるのです。

アランの場合がこれにあたります。十代のころはよく法に触れるようなこともし、ときには怪我人が出るような喧嘩にも加わりました。何度も警察沙汰となり、裁判になったことも一度ではありません。年齢を重ねるにつれ、これではいけないと思いましたが、変わるのが怖かったのです。それでも、勇気を出して故郷を離れ、新しい友達をつくり、気に入った仕事も見つけて、ついには結婚して子供も生まれました。こんな前向きな変化をとげたにもかかわらず、アランはいまだに自分に満足できずにいました。過去のことがまとわりついて離れず、振り返るたびに、自分はまったく無価値な人間だと感じてしまうのです。

欠点や欠陥

完全な人などいません。誰にも欠点があり、変えたい、あるいは改善したいと思っている面があります。自己評価の低い人は、この欠点を、解決可能かもしれない問題、人としての価値とはまったく関係ない問題とは考えず、自分に根本的な欠陥があるさらなる証拠だと思ってしまいます。

身体的特徴

自己評価の低い人はすぐ、自分は背が高すぎる、低すぎる、太りすぎだ、痩せすぎだ、スタイルが悪い、などと思いがちです。そして、そのことを自己評価を低くする材料にしてしまいます。カレンが自分の価値は容姿や体重で決まると信じたのも、これにあたります。体重が自分の決めた値を超えると、たちまち自分はひどく太っていて醜く、魅力がないと思い込みました。ファッション感覚とか、人生を楽しむ能力とか、知性とか、彼女を魅力的にしているほかのことは、一切頭に入らなかったのです。

気質的特徴

たとえばジェフは、おとなになっても、自分のエネルギーや好奇心や創意工夫が、いいところを見せようと無理をしているように思われるのではないかと心配でした。批判を買うことを恐れ、できるだけじっとして自分を殺すようにしていました。自分の特質を神から与えられた誇らしい資質とは考えず、周囲に受け入れられない証拠の一つと見たのです。

自分とほかの人との違い

自己評価の低い人は、人と比べて、その結果を低い自己評価の裏付けとすることがあります。サラも、いつも自分の作品をほかのアーティストの作品と比べては、たいてい自分の出来がいちばん悪いと思っていました。人とは関係のない自分のほんとうの力を評価するのではなく、人と比較をしては、劣等感をつのらせてきたのです。

過去または現在の、ほかの人のあなたへの態度

子供のころに、家族や学校の友達、地域社会からひどい扱いを受けると、それを自分に価値がない証拠と見てしまうことがあります。おとなになってから受ける、拒絶、非難、虐待なども、自己評価をますます低くすることにつながります。ブライオニーにとって、継父母から受けた扱いは、自分を悪い人間だとする証拠の主な出所でした。おとなになっても、ひどい扱いを受けると、それを当然のように思ってしまうのです。冷たくされたり、人間関係がうまくいかなかったりすると、自分が根本的にどうしようもない人間であることのさらなる証拠ととったのです。

自分が責任を感じているほかの人の行為

これは、自己評価の低い人が子供を持ったとき、とくにおちいりやすい罠です。子供が成長し、自立してからでさえ、子供の人生に何か不都合が生じると、自分のせいにするのです。ブライオニーがそうでした。思春期の娘がときどき麻薬に手を出していると知ったときも、反射的に、これは自分のせいだと思いました。悪い親を持っているからだと。親の悪がそのまま子にうつったのだと。

自己評価の根拠が崩れる体験

人が自己評価をするときの根拠はさまざまですが、その根拠が取り払われると、無防備なまま自分に対する否定的な思い込みにさらされることになります。ジェシーは、会社の経営が思わしくなく、一時解雇となりました。彼にとって、仕事は自己評価の根拠の一つでした。会社側は彼を手放したくはないのだと伝えたのですが、ジェシーはこの一時解雇を、自分の力不足を示すもう一つの証拠ととったのです。

「証拠」に別の解釈ができないか

最終結論を裏付けるために使われる「証拠」には、違う解釈が可能です。あなたの古い最終結論を裏付けると思われる「証拠」を突きとめたら、今度はそれを詳しく検討し、自分に対する思い込みを、どの程度ほんとうに裏付けるものなのかを吟味します。その結果を、章の最後に出てくる「最終結論を突き崩す　まとめシート」にならって書いてください。

以下にまとめた質問が役に立つでしょう。それぞれ、すでに説明したさまざまな「証拠」の出所に対応した質問になっています。また、自己批判的考えと闘ったときの質問（一二六～一二七ページ）も頭においておくといいでしょう。

最終結論を裏付ける証拠を再検討する――役に立つ質問

- 現在の窮状または精神状態の原因は、適応力が足りないだけか。
- 自力で物事を処理できるのは大事なことだが、援助を求めることができる利点は何か。
- 過去の過ちや失敗をもとに自分を判断するのは公平なことか。
- 欠点や欠陥をもとに自分を判断するのは公平なことか。
- 自分はこうあるべきだという固定観念によって自己評価するのは公平なことか。
- 誰かの何かがあなたより優れているからといって、その人物が人間としてあなたより上ということになるか。
- ほかの人があなたに不快な態度をとるのは、あなたの人間性のせいなのか。
- あなたが責任を感じる人の行為に、あなたは実際どのくらいの影響力を持っているか。

現在の窮状または精神状態の原因は、適応力が足りないだけか

今のあなたが行き詰まっているとしましょう。あるいは落ち込んでいると。だからといって、それをあなたに根本的な問題がある「証拠」ととるのは禁物です。少しの間、時間をさかのぼって、あなたが歩んできた人生を振り返ってみましょう。はは一ん、なるほど、だから私は今、こんなに行き詰まってしまったんだ（あるいは落ち込んでいるんだ）と得心がいくような体験が何かありませんか？　あなたの気にかけている誰かほかの人が、あなたと同じようなそうした体験を経て、今、行き詰まっている、あるいは落ち込んでいるとしましょう。その人もあなたと同じように、自分は適応力が足りないと感じるでしょうか？　あなたは、その人も適応力に欠けているとか、ダメ人間だとか思いますか？　それとも、事情が事情だから、その人が行き詰まった状態にある（あるいは落ち込んでいる）のも無理はないと思うでしょうか？　今のあなただけを見ていては、自分の窮状や精神状態をきれいに説明できなくても、今はもう縁を切った不安な予測や自己批判的考え（すでに何度も繰り返してきたように、そうした考えは、子供のころから積み重ねてきた経験に根ざしているのです）に着目すれば、行き詰まっている（あるいは落ち込んでいる）のももっともだ、と合点がいくのではありませんか？　合点がいくなら、自分を鞭打つことで事態をさらに悪化させるよりは、自分にやさしく寛大になって、すべきことをし、必要な援助をしてもらうほうが、はるかによい結果を生むでしょう。

自力で物事を処理できるのは大事なことだが、援助を求めることができる利点は何か

あなたもジムのように、助けを求めるのは弱い証拠、力のない証拠と思うかもしれません。でも、ほんとうに助けが必要なときにそれを求めることができるなら、実際は弱いどころか、より強い立場に立つことになるでしょう。一人で処理するより、さまざまな状況でうまく事を運ぶことができるかもしれないからです。困っている人があなたに援助を求めてきたら、どう思いますか？　相手を弱い人間だとか、情けない人間だとか、すぐ決めつけますか?

過去の過ちや失敗をもとに自分を判断するのは公平なことか

自己評価の低い人は、ときに自分の行為と自分自身とを混同することがあります。悪い行いは悪い人の証であり、何かに失敗するということは人間として失敗者になることだと思ってしまうのです。もしそれがほんとうなら、自分に満足できる人など世界中に一人もいないでしょう。アランのように、人は自分のしたことを後悔するだろうけれど、後悔にとどまらずに厳しく自分を責めたてでみても役には立たないし、責めるべきでもないでしょう。何か一ついいことをしたからといって、それであなたは完璧な善人になるのでしょうか? 自己評価の低い人がそんなことを信じるとは思えません。それなのに、一つ悪いことをすれば根っからの悪い人間になるということは、すぐに信じてしまうのです。

あなたは悪いこと、愚かなことをしでかしたかもしれないけれど、だからといってあなたが悪い人間、愚かな人間だというわけではないのです。このことを忘れるべきではないでしょう。

欠点や欠陥をもとに自分を判断するのは公平なことか

あなたの欠点が何であれ、それはあなたのほんの一面にすぎないということを忘れないでください(これは、すでに肯定的な資質のリストではっきりしているかもしれません)。こんなたとえ話があります。フルーツの籠があると思ってください。籠のなかには、見事なパイナップルが一個、おいしそうなリンゴがいくつか、ふつうのオレンジが一、二個、新鮮なブドウが一房、熟れすぎの洋ナシが少し、そして、底のほうには完全に腐って真っ黒になったバナナが一本、入っています。

さて、質問です。あなたはこの籠全体をどう評価しますか？　評価は不可能です。中身を一つ一つ判定することしかできません。人間も同じです。一人の人を全体として判定することはできないのです。ただ、個々の面、個々の行為を判定するしかないのです。

自分はこうあるべきだという固定観念によって自己評価するのは公平なことか

自己評価が、あなたの力が及ばないような根拠にもとづいている場合、どうしても自己評価は低くなりがちです。あなたの価値が何によって決まるかを、自分に問うてみる必要があります。ただし、これが第一で最大と思っているものを除くことです。その出発点として、肯定的な資質のリストが役に立ってくれるでしょう。素質、長所、技能、才能が、あなたが自己評価の根拠にしているものと関連していますか？

カレンの場合、彼女がリストアップした肯定的な資質の多く（ファッション感覚、人生を楽しむ能力、知性）が、体重や体型には関係なかったのです。一方、肯定的な資質が、体重や体型だけが問題だとする思い込みにどれほど邪魔されているかを、カレンは知りました。たとえば、食べるか食べないかで頭がいっぱいのときは、とても人生を楽しむどころではなかったのです。

カレンは好きな人、尊敬する人のリストもつくり、それぞれの魅力と思うものを書いてみました。痩せていてスタイルのいい人に憧れは感じましたが、ユーモアのセンスとか、繊細さとか、思いやりとか、良識など、ほかの資質のほうが重要に思えました。つまらない基準で自分を見るより、太っていようが痩せていようが、あるがままの自分を受け入れ、認めるほうがいいという結論に達したのです。

誰かの何かがあなたより優れているからといって、その人物が人間としてあなたより上ということになるか

ある特定の領域（能力、美しさ、物質的な成功、出世など）で、あなたの上を行く人がいるからといって、その人が人間としてあなたより上等ということにはなりません。すべての面で最高であることは不可能です。それに（身長や体重や収入といったことを除けば）、人と人とはほとんど比較のしようがありません。

ほかの人があなたに不快な態度をとるのは、あなたの人間性のせいなのか

自己評価の低い人は、ほかの人からひどい扱いを受けたり不快な反応をされても、ある程度当然と思ってしまう傾向があります。そのために、どこまで人の行為を許すかという限界を定めたり、自分には人から時間や関心を注いでもらう資格があると感じたり、自分の要求を主張したり、自分を肯定する感覚を阻むような有害な人間関係を断ち切ったりすることが、むずかしくなることがあります。

人があなたをどう思い、あなたにどんな態度をとるかで自分の価値を判断するのは、次のような理由で意味のないことです。

●人の判断が当てになるとは限らない。
●誰かがある物を好きでないからといって、そのある物に価値がないということにはならない。
●もし自分に対する評価が人の意見によって決まるなら、安定した自己認識を持つことはむずかしい。ある日誰かに好かれれば、あなたは人間として上等になり、次の日口論して仲違いすれば、急に上等ではなくなるわけだ。自己認識をほかの人の意見に頼るのは混乱のもとである。
●いつでもすべての人から認められ、好かれるということはありえない。人の好みは実にさまざまで、すべての人に好感を持たれようとすれば、常に矛盾する要求に直面することになるだろう。(自分に対する)人の評価の上に築いた自分自身への評価は、まさに砂上の楼閣である。

人の振る舞いがどうしてそうなるかという理由はいろいろ考えられます。ある特定の人(たち)のあなたに対する振る舞いが、これまであなたが抱いてきた最終結論を裏付けていると思えるものだった場合、そこにはどんな理由が考えられるでしょう。たとえば、幼いころに経験したことのせいで、そういう振る舞い方しかできないのかもしれません(子供のころに虐待を受けた人が自分も虐待するようになる、など)。ストレス、プレッシャー、病気、恐怖などが原因で、そんな振る舞いしかできないのかもしれません。また、本人にはその自覚がなくても、あなたがその人と仲の悪い誰かを思い出させるのかもしれません。それとも、あなたがただ好みに合わないだけかもしれません。あるいは、あなたに対する態度に特別個人的な意味合いはなく、誰に対しても、批判的で厳しく、冷淡なのかもしれません。

自分に批判的な見方をなかなか捨てられず、なぜ人が自分にそんな態度をとるのかほかに思い当たる理由がないときは、ほかの人がひどい扱いを受けたり不親切にされたりするのをあなたがどう見るか、考えてみてください。たとえば、このところ幼児虐待がマスコミを賑わしていますが、そんなとき、あなたはすぐ、その子供が悪かったのだと思いますか？　それとも、虐待するおとなが全面的に悪いのだと思いますか？　脅迫や迫害やレイプや暴行などの記事を読んで、すぐに被害者が当然の報いを受けたのだと決めつけますか？　それとも加害者の責任だと思いますか？　どの場合でも、ひどい扱いを受けた人に非がある、何らかの落ち度があると、即座に思ってしまいますか？　それとも、別の解釈をしますか？　別の解釈をするなら、あなた自身の経験にも同じような解釈を当てはめてみてください。

あなたが責任を感じる人の行為に、あなたは実際どのくらいの影響力を持っているか

あなたが、自分の責任下にあると思っている人がよくないことをしたからといって自分を責めるとしたら、それには、あなたがほかの人に対して一定の影響力を持っているという前提がなければなりません。でも、もしかしたら現実には持っていないかもしれないのです。

ブライオニーの娘のことを考えてみましょう。たしかに、ブライオニーにできることはたくさんあります。ただ、（おとなになりかけている娘が必要とする自立心を完全に奪うことなく）娘を家に閉じ込めて、二四時間監視することはできません。ブライオニーには、できるだけ愛情を持って注意深く娘の不始末に対処する責任はあっても、別の場所にいるときの娘の行動にまでは、完全には責任を負えません。

あなたが実際にできることと、あなたの力の及ばないこととを区別するという意味で、ほかの人に対する責任の限界をはっきりさせておきましょう。責任を果たそうとする気持ちを根拠に自分を評価するのは、ある意味で理にかなっています。でも、あなたの力の及ばないことで自分を評価するのは、理屈に合わないことです。

まとめる

古い最終結論の裏付けとして使ってきた証拠を特定し、それに対して別の解釈を見つけたら、ふたたび章の最後にある「最終結論を突き崩す　まとめシート」にならって、その解釈を簡単に書いておきます。そしてもう一度、古い最終結論と新しい最終結論をどの程度信じるか、最終結論を考えたときにわいてくる感情がどの程度の強さかを測ります。何か変化がありましたか？　変化があったなら、それはなぜですか？　なかったとしたら、それは「証拠」に対して説得力ある別の解釈がまだ見つかっていないからですか？　それとも、まだ検討していない「証拠」がもっとあるからですか？　もしそうなら、必要な作業にもう一度取り組んでください。

「新しい最終結論」を裏付け、「古い最終結論」の反証となるものは？

あなたはすでに、これまでの最終結論を裏付けるために使ってきた「証拠」を特定し、検討を加えて、それに対する別の解釈や説明を探しました。今度は逆に、これまで手放さないできた最終結論の直接的な反証となり、新しい最終結論の裏付けとなる証拠を集めます。それには、証拠を探して実験を行う必要があります。

証拠探し

第二章では、認識のゆがみによって古い最終結論が居すわる仕組みを説明しました。このゆがみによって、古い最終結論と一致する経験や体験を簡単に見つけては大事に抱え込むようになり、一方ではそれに反する情報をふるい落とし、捨てるようにしむけられるのです。あなたのいいところをリストアップして、それが具体的に表れる例を記録する「肯定ノート」をつけはじめたときに、すでにこのゆがみを正す取り組みは始まっています。これから必要なのは、古い最終結論の直接的な反証となり、また自分に対する寛大な見方を支えるような経験や体験を、どのように探して記録するかということです。

大事なのは、この作業を始める前に、自分が何を探そうとしているのかを明確に意識しておくことです。そうでないと、自分が取り組もうとしている問題と実際にはかかわりのない、したがって、古い最終結論を弱め、新しい最終結論を強化する役には立たない努力を重ねて、時間を浪費してしまうかもしれません。また、本来なら変化をもたらしたであろう情報も見逃してしまうかもしれません。

あなたが探すべき情報がどんなものかを知るために、次の質問にできるだけたくさんの答えを出し、それをリストにしてください。

- 古い最終結論と矛盾すると思われる証拠は何か。
- 古い最終結論が不正確、不公平、あるいは妥当でないことを示す情報や経験は何か。
- 新しい最終結論に合致すると思われる証拠は何か。
- 新しい最終結論が正確、公平、妥当であることを示す情報や経験は何か。

リストの内容は、きわめて明確で具体的なものでなければなりません。感じをつかんでもらうために、第二章に出てきた人たちの例をあげましょう（二三六～二三七ページ）。新しい最終結論を裏付ける証拠としてどんなものがあげられるか、それぞれ慎重に考えた結果です。

実験

不安な予測が当たっているかどうかを試す実験、自己批判的考えに対抗する実験、新しい最終結論を試す実験など、さまざまな実験を計画し実行するという経験は、すでに積んできました。今度

	古い最終結論	新しい最終結論	探すべき証拠
アラン	私は無価値だ。	私はグループに属して立派にやっている。	私がどこかに属していることを示すあらゆること（サッカークラブ、一杯飲みに誘ってくれる同僚、帰宅すると走り出て迎えてくれる子供たち、抱きしめてくれる妻）。
ケイト	私は人に愛されない。	私は人に愛される。	友人たちが私に示す好意。両親が私にしてくれる実際的なこと（彼らの愛情表現）。私が人に愛される人間であることを示す私のいいところ（人を裏切らない、思いやりがある、人の求めているものを察知する能力がある）。
サラ	私は劣っている。	私は誰にも負けないほど優秀だ。	私の肯定的な資質（その例はずっと記録している）。人生で私が当然楽しんでいい素晴らしいもの（マンション、友人たち、愛する田園、新しい子猫）。
クリス	私は愚鈍だ。	私は柔軟で前向きな精神を持っている。	学ぶチャンスを積極的につかもうとすること。好奇心。自分の読書障害と向き合ってどうにかしようとしている事実。
ジム	私は有能で強い。私は神経症の敗残者だ。	私には必要とされる強さと能力がある。	自分の人生をコントロールする能力があることを日常的に示す証拠（家庭や仕事の危機に対処できる、家計を管理している、仕事も立派にこなしている）。助けが必要なときはそのことに気づいて助けを求める。

表10　新しい最終結論を裏付ける証拠——その例

	古い最終結論	新しい最終結論	探すべき証拠
ブライオニー	私は悪い人間だ。	私は立派な人間だ。	ほかの人にしてあげること。社会への貢献(慈善活動、政治活動)。日常生活に表れる私のいいところ(リストから)。人間関係——人から愛されている証拠(電話、手紙、招待、足を止めて話しかけてくる人たち)。
ジェシー	私はもっと優秀であるべきだ。	私はこのままの自分で十分だ。	私が自分で設定した目標基準に達していなくても、人が私のすることを評価してくれている証拠(微笑み、称賛、感謝)。業績とは関係のない私のいいところ(たとえば、人づきあいを楽しむ、音楽を楽しむ)。友情——仕事の出来具合ではなく、私自身を好ましく思ってくれていることを示す言動。
カレン	私は醜いデブだ。	私には魅力がある。	容姿とは関係のない私の長所(リストから、日常生活での例を見る)。男性が私に興味を抱いている証拠(デートに誘われる、好意的な視線を感じる、親しげに話しかけてくる)。人が温かく接してくれる(微笑む、私のジョークを笑ってくれる、私のとなりに座ってくる、私を見てうれしそうな顔をする)。
ジェフ	私は人に受け入れてもらえない。	私は人に受け入れられる。	好きなことに夢中になったり、しつこかったり、とことん追求したり、エネルギーを爆発させたりして、あえて自分をさらけ出しても、返ってくる肯定的な反応(人が寄ってくる、こちらの熱意に煽られる、もっと知りたがる、質問してくる、いっしょに過ごしたがる)。

は、あなたの新しい最終結論が正しいという前提に立った振る舞い方をする、という実験をします。それによって、低い自己評価があなたのまわりに張りめぐらせた牢獄の壁を押し戻すのです。そのための準備はすでに整っているというのに、怖じ気づいたりしてしまうかもしれません。今までと違う生き方を考えて不安を覚えるとき、あるいは新しい自分になったのに、これでよかったのだろうかと疑心に駆られたとき――そんなとき、どんな考えが心をよぎるかに注目してください。たぶん、そういう感情の裏に不安な予測や自己批判的考えが潜んでいるのがわかるでしょう。どうしたらいいかはもうわかっているはずですね。

どんな実験をしなければならないかは、あなたの新しい最終結論がどんなものかによります。どんな経験をすれば、自分に対する新しい見方を確認し、強化できるか考えてください。

また、自分にやさしく接し、努力の報酬や楽しみを自分の人生に取り込むために、どんなことを変えたかも考えてください。

あなたの新しい最終結論と同じものを信じている人がいるとして、その人ならどうするか、日常生活をどう生きるか、細かく考えてください。ライフワーク、余暇、近しい人間関係、人づきあい、自分のことなど、さまざまな分野で思いつくかぎりのことをリストアップします。次に、リストを具体的な実験項目におき換えて、日常生活で実践しはじめます。考えられるさまざまな実験のイメージをつかんでもらうために、さらに例をあげましょう（左ページ）。

表11　新しい最終結論をつくる：行動によって実験する——その例

	新しい最終結論	実　験
ブライオニー	私は立派な人間だ	信頼している人には、向こうから近づいてくるのを待つのではなく、まずこちらから接近する。徐々に自分のことをもっと人に話すようにする。自分のための娯楽を計画する。
ジェシー	私はこのままの自分で十分だ	自分の目標基準を捨て、課題や書類作りにかける時間を減らす。小さなミスはそのままにして、影響を観察する。知らないことは知らないと認める。「それについて意見はありません」と言う練習をする。
カレン	私には魅力がある	自分は太っていると思っても泳ぎに行く。地味な服で体を隠すのではなく、自分に合う明るい色の服を着る。
ジェフ	私は人に受け入れられる	自分を抑えるのをやめ、感情を表に出して、人の反応を見る。誰かが話しだすのを待つのではなく、自分から考えを述べる。頭のなかで練習してから口に出すのではなく、頭に浮かんだことをすぐ言ってみる。
アラン	私はグループに属して立派にやっている	まずこちらから人に近寄ってみる。賃貸住宅にばかり住まないで、売り家を探してみる。
ケイト	私は人に愛される	「ノー」と言ってみる。必要なものは欲しいと言う——さもないと手に入れることはできない。
サラ	私は誰にも負けないほど優秀だ	人に時間と関心を注がれる価値のある人間として振る舞う。展覧会を開くチャンスから逃げずに、こちらから求める。批評を読む——批評家と同意見である必要はない。
クリス	私は柔軟で前向きな精神を持っている	失われたチャンスの穴埋めをする——成人学級を覗いてみて、読書障害者にどんな便宜をはかってくれるかを調べる。障害などないふりをしようとするのではなく、そのことを人に話す。
ジム	私には必要とされる強さと能力がある	それほど必要でないときでも、つとめて助けを求める。困ったことがあれば、話してみる。

まとめる

この段階で気づいたことを記録することが重要です。また、かならず実験の結果を慎重に評価します。気づいたことや、何をし、どんな結果になったかを正確に注意深く記録しつづけることで、新しい最終結論に合致する情報を増やすことができるはずです。その情報を、あなたのいい点の例といっしょに肯定ノートに書いてもいいでしょう。記録しないと、忘れてしまって、この先自分に疑念を持ったときに役に立たないことになります。

最後に、章の終わりにある「最終結論を突き崩す　まとめシート」をもう一度開き、新しい最終結論を裏付ける証拠探しをしたときに見つけたことをまとめます。そしてもう一度、古い最終結論と新しい最終結論をどの程度信じるか、またそれがあなたの感情に及ぼす影響の強さも測ります。古い最終結論を突き崩し、新しい最終結論に合う証拠を集める作業を続けながら、常に信じる度合と感情への影響を測っていけば、その数値がしだいに変わっていくのがわかるでしょう。

長い目で見る

新しい最終結論をつくってそれを強化するというのは、一朝一夕にできることではありません。納得のいく案が見つかるまでには、何週間も（何カ月も）系統だった探索と実験を続けなければならないでしょう。あなたはこれまでずっと、今まであなたを捉えてきた最終結論を裏付ける証拠を積み重ね、集め、貯め込み、自分にとってどういう意味を持つのかをあれこれ考えてきたはずです。

でも、新しい最終結論を裏付ける証拠集めは、そんなに長い時間をかける必要はありません（そんなこと、考えただけでぞっとするでしょう?:)。ただ、新しい最終結論に沿った言動が第二の天性になるところまでいくには、ある程度の時間とエネルギーをかけ、常に記録と実践に身を入れる覚悟が必要でしょう。その域まで達すれば、低い自己評価を克服するための最終段階が終了したことになります。自己評価を高める旅の目的地に到達するためのアイディアは、次の章で示されます。

第八章のまとめ

❶ 低い自己評価を克服するための最終ステップは、最終結論を突きとめ、自分の言葉で表現すること。そのために使える情報の出所はさまざまである。

❷ これまでの否定的な最終結論を特定したら、もっと肯定的でバランスのとれた代替案づくりにただちに着手するのがいい。それによって、今までふるい落とし、無視してきた、自分に対するこれまでの見解と矛盾する情報に気づきはじめるだろう。

❸ 次にすべきことは、これまでの最終結論の裏付けとして使ってきた証拠を突きとめ、それをほんとうの自分を表すものと決めつけずに、別の理解のし方があるかどうか検討すること。

❹ 最後の作業は、新しい最終結論を支えてくれるであろう経験や情報を予想し、突きとめること。そのためには、具体的な例を探し、また新しい最終結論が正しいものとして振る舞う実験を行い、その結果を観察することが欠かせない。

● 私の新しい最終結論を裏付ける(過去と現在の)証拠

・両親は私を愛してくれた。私自身の記憶や写真、残っている物からそれがわかる。
・祖母も私を愛してくれた。私を守ってくれることはできなかったが、私が価値ある、人に愛される人間だと感じさせてくれた。
・学校でも何人か友達ができた。いつも悲しくて神経過敏になっていたので、たくさんはできなかったけれど(それは私のせいではない)。
・虐げられていた最初の結婚生活でもなんとか仕事を続けてきたし、その後子供ができてからは、夫から子供たちを守った。子供にまで手を上げる徴候が表れたとき、勇気を出して家を出た。一人でそんなことができるとは夢にも思わなかったけれど。
・私を愛し支えてくれる二度目の夫を見つけた。いい人で、いろいろ問題を抱えている私を選び支えてくれた。
・過去の不幸を乗り越えようと必死で闘ってきて、うまくいった。
・肯定リストに書いた私のいいところ。

この証拠によって、今古い最終結論を信じる度合は	20%
この証拠によって、今新しい最終結論を信じる度合は	85%

● 証拠探し――新しい最終結論を裏付ける証拠をさらに集めるために注目すべき情報と経験

・ほかの人にしてあげること。とくに、子供たちに注ぐ時間と気遣い。子供たちへの愛、夫への愛。彼らから得られる喜び。
・彼らの面倒をみ、立派な人間に育てようとするなかで発揮される私の創造性と想像力。
・社会への貢献(慈善活動、政治活動)。
・日常生活に表れる私のいいところ。
・人間関係――人が私を愛してくれる証拠(電話、手紙、招待、人が足を止めて私に話しかけたり、何かに参加を呼びかけてくれたりする)。
・知的能力――やっと自分も教育を受けるに値する人間だという気がしてきて、実現のために動きだした。

● 実験――新しい最終結論を裏付ける証拠をさらに集めるためにすべき具体的なこと

・信頼している人には、向こうから近づいてくるのを待つのではなくこちらから接近する。
・もっと自分のことを人に話すようにする――向こうがほんとうにしり込みするかどうか見る。
・自分のための娯楽を計画する――それくらいは許されて当然。
・勉強のための時間をつくる。ふさわしい課程をとるためにお金をためる。
・計画を実行するために、家族にもっと責任を分担させる。
・もっといい仕事を見つける。真に私の能力を活かせる仕事を。

表12　最終結論を突き崩す　まとめシート――ブライオニーの場合

● 私の古い最終結論。「私は悪い人間だ」

	信じる度合	感情 (0〜100)	
古い最終結論が最も説得力を持つとき	70%	絶望75	罪悪感60
最も説得力に欠けるとき	45%	絶望50	罪悪感40
この本を読みはじめたとき	100%	絶望100	罪悪感100

● 私の新しい最終結論。「私は立派な人間だ」

	信じる度合	感情 (0〜100)	
新しい最終結論が最も説得力を持つとき	50%	希望30	安堵40
最も説得力に欠けるとき	20%	希望10	安堵10
この本を読みはじめたとき	0%	希望0	安堵0

● 古い最終結論を裏付ける「証拠」と、今それをどう理解しているか。

「証拠」	新しい理解
両親の死――私のせい。	両親は私を深く愛してくれた。できることなら私を残していきたくはなかったろう。
継父母の態度	私のせいではない――二人の態度は意地悪で冷酷。理由などない。どんな子供もあんな扱いを受けるいわれはない。
継父の虐待	おぞましい行為。彼にもそれはわかっていた。だからこそひた隠しにしたのだ。向こうはおとなでこっちは子供だった。私の信頼をあんなふうに裏切るなんて、絶対してはいけなかった。異常だった。
最初の結婚――夫はしじゅう私をあざけり批判した。疲れ切ってぼろぼろになった。	今なら彼がほかの人に対しても同じような態度だったとわかる。昔のことがあったので、反撃できる立場ではないと思っていた。自分は悪い人間だという思い込みは、まるでそのとおりに成就される予言のように思えた。こんな扱いを受けるのも当然だと考えた。
人々は怒りっぽく、不親切で、私をけなした。	そういうこともときにはあるもの。すべての人に気に入られることはできない。だからといって、私が悪いということではない。

新しい理解によって、今古い最終結論を信じる度合は　30%
新しい理解によって、今新しい最終結論を信じる度合は　75%

第九章◆すべてを総合してこれからのプランをつくる

はじめに

この本を読み、作業を続けるなかで、あなたは自己評価を低く抑えているさまざまな思考習慣と闘い、新しい生きるためのルールや新しい最終結論を考案し、それをどのように実践するか、またそれが正しいという前提で、日常生活のなかでどう行動すべきかを考えてきました。この章では、今まで取り組んできた自己評価を高めるための実際的なアイディアが、ふたたび第二章の図（三七ページ）と関連づけられ、初めに低い自己評価について理解したことが、これまで取り組んできたこととどうかかわるのかがわかるようになっています。それから、あなたの起こした変化が、本を閉じると同時に忘れ去られることのないよう、確実に整理し進めていく方法を考えていきます。

自己評価を高める——それぞれのステップはどのように関わり合っているか

二四六〜二四七ページの図は、低い自己評価がどのように生まれ育ち、居すわるかを説明したものです。すでに見慣れた図ですが、ただこれは、単に低い自己評価の成り立ちとそれを存続させるものを示すだけではなく、あなたがこれまでの最終結論を突き崩し、新しい最終結論を強化するために実践してきたさまざまな方法が、それぞれの表題のもとに整理されています。これまであなたの起こしてきた変化が、自己評価を高めるための一貫した計画の一部として、それぞれどう関わり合っているのかを、はっきり知ってもらうためです。

これからのプラン

もしかしたらあなたは、これまでの作業で大成功をおさめてきたかもしれません。でも、学習したことを日常的に実践しつづけなければ、今はしっかり把握できたように思えることも、あいまいになって信じられなくなり、自分に寛大な新しいやり方も、しだいに後退していくことにもなりかねません。

前にも言ったように、これまでの習慣から脱却するのは容易なことではありません。とくに、ストレスやプレッシャーにさらされているときや、気分が落ち込んだり、疲れていたり、体調がすぐ

最終結論が呼び覚まされる

どんな感情、考え、行動が、
最終結論が呼び覚まされたことを示すのか。
この呼び覚ましを妨げ、新しい最終結論と新しい生きるための
ルールを作動させるには何をする必要があるか。

否定的な予測

特定し、疑問視し、試す
(実験)。

不　安

最小限に抑えられる、
または芽のうちに
摘まれる。

有害な行動

逃げてきたことに向き合い、
不要な予防策を捨て、
うまくいったことを重視する。

最終結論の確認

うまくいっていることを無視したり軽視したりしていないか。
うまくいかないことばかり重視し、それが人間としてのあなたを語っていると
思い込んでいないか。

自己批判的考え

特定し、疑問視する。自分を励まし、褒め、
人生の素晴らしさを味わうに値する人間として
自分を扱う実験をする。

自分のいいところを認め、
達成したことを誇りに思う。

抑うつ

最小限に抑えられる、
または芽のうちに摘まれる。

図7　自己評価を高める——相関マップ

低い自己評価の核となる否定的な思い込みを突き崩す

●（幼いころの）体験
どんな体験（出来事、人間関係、生活状況）が
自分に対する否定的な思い込みを育てる要因となったか。
どんな体験がその思い込みを存続させる要因となったか。

それらの体験は低い自己評価を裏付ける「証拠」となっているか。

↓

●最終結論
その体験をもとに、自分についてどんな結論を引き出したか。
あなたが自分に対して抱いてきた否定的な思い込みとは何か。

自分に対するどんな見方ならもっと説得力があるか。
あなたの新しい最終結論は何か。

↓

あなたが最終結論を裏付けるために使ってきた「証拠」は何か。
その「証拠」はほかにどんな解釈が可能か。

新しい最終結論の裏付けとなり、これまでの最終結論の反証となる体験（証拠）は何か。
どんな新しい情報（これまで切り捨てたり無視したりしてきたこと）に注目すべきか。
どんな実験をする必要があるか。

↓

有害なルールを変える

●生きるためのルール
あなたの生きるためのルールとは何か。それらはどんな点が理不尽で有害か。
もっと妥当で役に立つ代わりのルールは何か。
それらを試すにはどうしたらいいか。

↓

悪循環を断ち切る

●引き金となる状況
あなたの生きるためのルールが破られそうになる状況とはどんな状況か。

↓

れないときなどは、どんなに頑張っても、あなたの身にしみついた最終結論がよみがえってきたりします。それとともに、自分に対して厳格な基準を設定する、最悪の事態を予想する、肯定的なことはふるい落として否定的なことばかりに目を向ける、自己批判する、人生の楽しみを自分に与えるのを忘れる、といったおなじみの習慣がふたたび息を吹き返してくるのです。

でも、心配はいりません。あなたはもう、どうすれば自己評価を低く抑える悪循環を断ち切ることができるのかを知っているのですから。学んだことに立ち返り、それを実践すればいいだけの話です。古い習慣がよみがえること（揺り戻し）があっても不思議ではないという健全な認識を持つことで、おなじみの最終結論が再浮上しつつあるという警告に早めに気づき、ただちに対処する態勢をととのえることができるのです。

あるいは、学んだことは多かったけれど、自分に対する新しい考え方や態度がまだ脆弱だと感じている人がいるかもしれません。低い自己評価が長い年月居すわっていて、人生に重大な影響を及ぼしてきたような場合は、とくにこうした心理におちいりがちです。その場合も、学んだことを整理し、それが日常の生き方に影響しつづけるように強化するプランを練ることです。新しい最終結論への確信を強め、これからも変化が確実に続いていくようなプランです。

ここにいくつかの質問が用意されています。これまで学んだ大事なポイントを簡潔にまとめるための、また、新しい考え方を日々実践しつづける最良の方法を考えるための、また、最良の方法で揺り戻しに対処できるよう準備するための、質問です。質問に沿って考えられたプランの例が二五五〜二五八ページに載っています。

行動プラン——役に立つ質問

1 私の低い自己評価はどのように育まれたのか。
2 何がそれを存続させていたのか。
3 この本から何を学んだか。
4 私の有害な考え、ルール、思い込みは何だったか。それに代わるどんな案を見つけたか。
5 学んできたことを確実にこれからに活かすにはどうすべきか。
6 何が揺り戻しにつながるか。
7 揺り戻しが来たらどうするか。

完璧な行動プランに到達するためのステップ

第一案

まず、質問への答えと、答えながら思いついた役に立ちそうなことを書き出します。これが行動プランの第一案です。書き終わったら、読み返し、重要なことが抜けていないか見てください。本書を、そしてこれまでのあなた自身の記録を読み返し、今までしてきたことすべてを思い出します。今の時点で最高の行動プランができたと思えたら、それを二、三週間実践してみます。

第二案

二、三週間実践してみれば、あなたの行動プランがどの程度役に立つものか、十分にわかるはずです。もし、見直してさらに磨きをかけたいと思うなら、そのときがチャンスです。何か大事なことを見落としていたり、予期しなかったことが起こったり、書いたときはこれこそ必要と思えたものが、実行に移してみると、あるいはしばらくして振り返ってみると、無用なことに思えたりするかもしれません。

変更が必要だと思うことには手を加えて、さらに長期間の試運転用に新しく書き換えてください。この第二案をどのくらいの期間実践するかは、自分で決めます。三カ月でも六カ月でも、このプランがどの程度役立つかを見るのに十分なだけの時間をとってください。新しい最終結論がどの程度確立され、日々の生活でどの程度一貫して自分に対する感情に影響を与えるかを、知るチャンスが必要です。また行動プランが、人生の浮き沈みに対処したり、これまでの最終結論がふたたび浮上してきたときにどの程度の力を発揮するか、一定の感覚をつかむ必要もあります。

最終案

第二案の実践期間が終わったら、もう一度行動プランを徹底的に見直します。プランはあなたの役に立ちましたか？　計画どおり進められましたか？　それは成長を続ける力になってくれましたか？　たしかに最良の方法で揺り戻しに対処させてくれましたか？

すべてうまくいったのなら、あなたの第二案は最終案かもしれません。一方、行動プランにまだ欠陥がある場合は、必要な変更を加え、新しい案を自分で納得のいく期間試してみてください。そしてふたたび見直しをします。たとえ最終案でも、それはあくまでも「案」であって、最終的に確定したわけではありません。どんなにうまくいっても、どんなに役に立っても、範囲を広げたり、練り直したり、改善を加えたりする余地があるとわかった時点で、変更を加え微調整する用意をしておくことです。

「サ行」基準でさっそうと

行動プランは、欲張りすぎるとうまく実行できず、がっかりしてやる気をなくすことになります。漠然としたプランでは、一、二週間（あるいは一、二カ月）もすると、何をするはずだったのかよくわからなくなってしまうかもしれません。また、あまりに小さくまとまったプランだと、自分がなりたいと思う人間に少しも近づいていないと感じるかもしれません。そこで、第一案でも第二案でも最終案でも、行動プランはかならず次の「サ行」基準を満たすものにしてください。

行動プラン——「サ行」基準

それは十分シンプルで具体的か。
それは査定可能か。
それは賛同を得たものか。
それは実際的か。

――その時間の物差しは妥当か。――

それは十分シンプルで具体的か

あなたが実行しようとしていることを、ごく簡単な言葉で説明できますか？　信頼している友人か家族に読んで聞かせてみてください。どこかで説明や言い直しを求められたりするでしょうか。もしそうなら、その部分は練り直す必要があります。練り直しが終わったら、もう一度読み聞かせてチェックしてください。

それは査定可能か

計画どおりに達成できたかどうか、どうしたらわかるでしょう。たとえば六カ月後、行動プランがうまく実行できていたとして、いったいどんな感じなのでしょう。個々の目標のいくつが達成できたでしょう。新しい最終結論が実際に働いているかどうか、どうしたらわかるのでしょう。まだ変えなくてはならないことがあるとしたら、さらにどんなことをすればいいのでしょう。

プランが実行可能かどうか判断するのも、どの程度成果をあげているか、またどこでつまずいたかを見極めるのも、どのくらいあなたの役に立つものかを測るのも、あなたが何を目指しているのかはっきりと具体的に述べることができれば、ずっとやりやすくなります。

それは賛同を得たものか

あなたのプランに影響を受ける人たちの意見や感情を考慮に入れましたか？　プランの内容について賛同（少なくとも理解）を得ましたか？　たとえば、もっと積極的に意見を言い、要求を通すことを目指すとすれば、当然、周囲の人にも影響が出ます。あるいは、仕事との関わり方を見直す（もっと趣味を楽しむために仕事の時間を減らす、より高度な課題を見つける）プランだとすれば、これもまた、職場の仲間や家族に影響が及ぶはずです。途中で挫折しないために、影響を被る人たちに協力をお願いしてはどうでしょう。

たとえ巻き込むつもりはないとしても、あなたが変わることでほかの人にどんな影響を与えるかを考えてください。どんなことが予想できますか？　もちろん予想がはずれることはあるでしょうが、ただ、どんなことが起こりそうかを考え、それに（必要ならほかの人の協力を得て）どう対処するか心づもりをしておけば、最後までやり抜ける可能性は高くなるはずです。

ブライオニーのプランのなかに「自分の楽しみのための時間をもっととる」というのがありました。そのためには、今までのように一人ですべての家事をこなすのは無理です。彼女は自分がいい母親だと思いたいために、家事のできる夫も大きくなった子供もいるのに、買い物、料理、洗濯と、何もかも一人でやらなければならないと思い込んでいたのでした。

ブライオニーは、すべての家事を自分に任せるように、自分が家族を教育してきたのだと気づきました。そして、自己評価を高めるために取り組んできたことや、もっと公平に家事を分担する計画だということを、家族に打ち明けたほうがいいと考えました。家族は、頭ではそのほうが公平だと思うだろうし、計画にも賛成してくれるだろうという予想はつきます。でも、実際には、割り当てられた家事をいやがって、きっと放り出すだろうとも予想しました。そこで、家族が自分といっしょに変わってくれなかった場合はどうするか、その詳細をプランに盛り込んだのです。そこには、変わらなければならない理由を自分に突きつけることも含まれていました。自分はメイドの役をするだけではなく、もっといろいろなことを経験するに値する、善良で立派な人間なのだ、と。

それは実際的か

プランを立てるときは、次のことを考慮に入れてください。

- 自分の心と体の健康状態。
- 自分が使える手段（金銭、時間、自分のことを気にかけ尊重してくれる人）。
- ほかに時間とエネルギーをとられること。
- 友人、家族、同僚からどの程度の協力が得られるか。

これらの要素を考慮に入れれば、あなたの行動プランの現実性はぐんと高まり、実際的なものになるでしょう。また、せいぜい一、二ページ程度にプランを書き出しておけば、大いに役立つはずです。長く複雑になればなるほど、やがては読み返したり利用したりしなくなるでしょう。

その時間の物差しは妥当か

最後に、行動プランを実行に移すのにどのくらいの時間をかけるつもりか、また設定した目標を達成するのにどんな時間の物差しが妥当か、十分に考えておいてください。これには、どんな変化があなたにとって最も重要か、優先順位を決めることも含まれます。次のようなことを自問してみてください。

- 優先事項は何か。もしプランの二〇パーセントしかできないのなら、何を優先したいか。
- 行動プランの成果を査定するのに、毎週どのくらいの時間が必要か。不安な予測や自己批判的考えを書き出して疑問視する作業がまだ必要だと思うなら、最も効果的に、しかもプレッシャーもなく心ゆくまで作業を進めていることを確認するのに、毎日どのくらいの時間をとっておく必要があるか（そこには、毎日いくつの例と取り組みたいかを決めることも含まれる）。
- 自分の目指すことは何か。三カ月後にどうなっていたいか。六カ月後、一年後は？
- どのくらいの頻度で査定・点検するか。最初の点検日を設定しているか。翌週でも、翌月でも、もっと先でもかまわないが、はっきりとその日を決めて、自分自身と約束すること。

これからの行動プラン——ブライオニーの場合

1　私の低い自己評価はどのように育まれたのか

両親が死んだとき、私のせいだと感じた。継父母にひどい扱いを受けて、ますますそう思った。継父が私を虐待しはじめたとき、それまで起こったことはすべて、私のなかの何かがそういう結果を生

んだのだという結論に達した。「私は悪い人間なのだ」と。これが私の最終結論だった。いったんこの思いに取りつかれると、ほかの出来事もそれを追認しているような気がした。たとえば、最初の夫はしじゅう私を非難し馬鹿にした。それまでのことがあったので、私はそういう仕打ちを受けて当然の人間なのだと思った。

2　何がそれを存続させていたのか

私はほんとうに自分が悪い人間だと考え、それを前提として行動した。自分のいいところにはまったく目を向けなかった。ほんとうの自分は人には見せなかった。それを知られたら人は私とのかかわりを避けるにちがいないと思ったから。いつも自分に厳しかった。何かうまくいかないことがあると絶望感に打ちひしがれ、自分が悪い人間である証拠がまた増えたと思った。こちらがしり込みしても変わらない態度で接してくれる数人を除いて、親しい人はできなかった。人に拒絶され、ひどい仕打ちを受けても、されるがままだった。自分にはそれ以上のことを望む資格はないと考えていた。

3　この本から何を学んだか

物事をもっとよく理解すること。つまり、問題なのは私は悪い人間だという私の思い込みであって、私がほんとうに悪いのではないということ。長いあいだ抱えていた自分についての思い込みも、きちんと取り組みさえすれば、変えることができるのだと学んだ。自分を批判する声を黙らせ、自分のいいところに注目することを学んだ。今は生きるためのルールを変えようとしている。思い切ってほんとうの自分をもっと人に見せるようにしている。

4　私の有害な考え、生きるためのルール、思い込みは何だったか。それに代わるどんな案を見つけたか

私は悪い人間だ。↓　私は立派な人間だ。

人を近づければ、その人は私を傷つけ利用するだろう。↓　もし人を近づけたら、私の望む温かさや愛情を感じるだろう。たいていの人は私をちゃんと扱ってくれるだろうし、たとえそうでない人がいても、その人たちから自分を守ることができる。

誰にもほんとうの私を見せてはならない。↓　ほんとうの私は立派で善良なのだから、隠す必要はない。気に入らない人がいるなら、それはその人の問題だ。

5　学んできたことを確実にこれからに活かすにはどうすべきか

毎日、新しいルールと最終結論を書いた「最終結論を突き崩す　まとめシート」を読んで、頭にたたき込む。新しい見方がほんとうだという前提で行動し、その結果を観察する。自分が不安におちいって、何かを避けようとしたり、自分を守ろうとしたりしていると気づいたら、自分がどんな予測をしているかを突きとめて検討を加える。自己批判には気をつける（すっかり定着しているから、常に闘いつづけなければならない）。自分のいい点を記録しつづける（すでに効果が表れている）。自分の時間をつくる（家族がかつての状態に戻ったときは、ためらうことなくはっきりと言う）。

6　何が揺り戻しにつながるか

どんな理由であれ、落ち込むこと。誰かに常習的にひどい扱いを受けること。私が気にかけている人が困った状態にあるとき（私のせいだと思ってしまうから）。

7　揺り戻しが来たらどうするか

まずは、早い段階で警告のサインに気づく努力をする。夫に協力してもらう（私が自分を隠しだしたり、いらいらして弁解ばかりするようになるとすぐわかってくれるし、私が自分を嫌いになりだすと気づいてくれる人だから）。次に、「最終結論を突き崩す　まとめシート」やこの「行動プラン」などの記録を取り出して、有効だとわかっている作業をする。後戻りしたと自分を責めない。どんなに長いあいだ自分はだめだと思いつづけ、どうしてそうなったのかを考えれば、揺り戻しは起こって当然のことだから。自分をやさしく励ましながら、可能な援助はすべてしてもらって、基本に返ること。

第九章のまとめ

❶ この本を通して学んだアイディアとテクニックは、それぞれが低い自己評価を変えるための一貫したプログラムを構成している。

❷ 学んだことを確実に自分のものにし、日々の生き方の一部として組み込むために、将来に向けての「行動プラン」をつくることが役立つだろう。

❸「行動プラン」は簡潔で現実的なものが望ましい。実行の進度の測り方が明確であり、自分の変化が周囲の人に及ぼす影響も考慮に入れていることを確かめる。またプランは、自分の時間と手持ちの手段の限界を考慮したものでなければならないし、時間の尺度も現実的なものでなければ

ならない。

❹「行動プラン」のなかで、自分の低い自己評価がどのように育まれ、何がそれを存続させてきたかについて、理解したことをまとめる。この本を通して学んだことや、新しいアイディアやスキルをどのようにしてこれからに活かしていくかを書き出す。揺り戻しにつながりそうなこれからの出来事やストレスを探し、もしほんとうに揺り戻しが来たらどうするかを考える。

著者◆メラニー・フェネル（Melanie Fennell）

オックスフォード大学精神医学部認知療法学科ディレクター。英国における認知療法の第一人者で、オックスフォード認知療法センターの創設メンバー。著書に*Oxford Guide to Behavioural Experiments in Cognitive Therapy (Cognitive Behaviour Therapy: Science and Practice)*, Oxford University Press（共著）などがある。

訳者◆曽田和子（そだ・かずこ）

翻訳家。神戸市に生まれ、東京で育ち、現在愛知県在住。東京外国語大学英米科卒。南山大学大学院文学研究科英文学修士課程修了。主な訳書に『父さんの犬サウンダー』（岩波書店）、『さわってごらん』（フォーユー）、『美の陰謀』『クリス先生と子供たち』『大切なことはすべて食卓で学んだ』（以上CCCメディアハウス）、『リーダーシップが人を動かす』（無名舎）、『ウエディング・ママ』（文藝春秋）、『ママがわたしを撃った』（上・下、実業之日本社）などがある。

装　　丁／轡田昭彦・坪井朋子
編集協力／企画JIN（清水栄一）

自信《じしん》をもてないあなたへ
――自分《じぶん》でできる認知《にんち》行動療法《こうどうりょうほう》

2004年 6 月26日　初　　版
2022年 3 月23日　初版第15刷

著　者　　メラニー・フェネル
訳　者　　曽田和子
発行者　　菅沼博道
発行所　　株式会社CCCメディアハウス
〒141-8205　東京都品川区上大崎3丁目1番1号
電話　販売（03）5436-5721
編集（03）5436-5735
http://books.cccmh.co.jp

印刷・製本　図書印刷株式会社

ISBN978-4-484-04117-9
Printed in Japan